周蓓 主編

專題史叢書

程叔度 主編

河南人民出版社

卷煙統稅史

本書包括卷煙稅之緣起及其沿革、改辦統稅、施行規劃、實行加稅、擴充區域、收稅狀況、雜録等九章。對民國以來中央和各地方有關煙稅的政治法規和徵收情況均有詳細敘述，資料性强，是當時最完備的有關卷煙稅收管理的專著

圖書在版編目(CIP)數據

卷煙統稅史 / 程叔度總攥. —鄭州 : 河南人民出版社, 2016. 10(2017.7 重印)
(專題史叢書 / 周蓓主編)
ISBN 978-7-215-10526-3

Ⅰ. ①卷… Ⅱ. ①程… Ⅲ. ①卷煙-煙稅-財政史-研究-中國-民國 Ⅳ. ①F812.96

中國版本圖書館 CIP 數據核字(2016)第 256644 號

河南人民出版社出版發行
(地址:鄭州市經五路 66 號　郵政編碼:450002　電話:65788063)
新華書店經銷　　河南新華印刷集團有限公司印刷
開本 710 毫米×1000 毫米　1/16　印張 20.75
字數 178 千字
2016 年 10 月第 1 版　　2017 年 7 月第 2 次印刷

定價 : 134.00 圓

出版前言

中國現代學術體系是在晚清西學東漸的大潮中逐步形成的。至民國初建，中央政治權威進一步分散和削弱，加之新文化運動帶給國人思想上的空前解放，新學的啓蒙，新知識分子的産生，民國學術如草長鶯飛，進入一個自由而蓬勃的時代。中國傳統學科乃中國學術之根基與菁華所在，民國學人采用『取今復古，别立新宗』之方法，引入西方的學術觀念，積極改造，使史學、文學等學科向現代學術方向轉型。此外，大力推介西方社會科學的新學科和自然科學，在學習、借鑒乃至移植西方現代學術話語和研究範式的過程中，逐漸建立中國現代學科，使中國的學科門類迅速擴展。一時間，新舊更迭，中西交流，百花齊放，萬壑争流，開創了中國現代學術的源頭。

伴隨知識轉型和研究範式轉换而來的，還有學術著作撰寫方式的創新。中國古代的著作向來以單篇流傳，經後人整理匯編後，方以成册成集的面目出現并持續傳播。直到十九世紀末，東西方的歷史編撰體裁不外乎多卷本的編年體、紀傳體和紀事本末體等，章節體的出現標志着近代西方學術規範的産生和新史學的興起。章節體具有依時間順序，按章節編排；因事立題，分篇綜論；既分門别類，又綜合通貫的特點。以章、節搭建起論述之框架，結構分明，邏輯清晰，較傳統的撰寫體裁容量大、系統性强。它的傳入，使中國現代學術體系從内容到形式被納入了全球化的軌道。民國時期專題史的研究、譯介、編纂、出版恰恰是在這樣的背景下欣欣而發，是學術的實驗場，也是歷史的記録儀。編選『民國專題史』叢書的初衷正是爲了從一個側面展示中國學術從傳統向現代過渡的歷史進程。

專題史是對一個學科歷史的總結，是學科入門的必備和學科研究的基礎，也是對一個時代艱深新鋭問題的解答，是學術研究的高點。民國專題史著作中，既包含通論某一學科全部或一時代（區域、國别）的變化過程的，又囊括對一時代或一問題作特殊研究的，還有少部分是對某一專題的史料進行收集的。原創與翻譯并重，翻譯的底本大多選擇該學科的代表著作或歐美大學普及教本，兼顧權威性和流行性，其中日本學者的論著占據了相當比重。日本與中國同屬東亞儒家文化圈，他們在接納西方學術思想和研究模式時，已作了某種消化與調適，從思維轉换的角度看，更便于中國借鑒和利用，他們的著作因而被時人廣泛引進。

與當代學術研究日趨專業化、專門化、專家化的『窄化』道路迥乎不同的是，中國傳統學術崇尚『學問主通不主專，貴通人不尚專家』的通識型治學門徑，處于過渡轉型期的民國學術在不同程度上保留了這種特徵。民國學術大師諸學科貫通一脉、上千年縱横捭闔之功力自不待冗言，外交家著倫理政治史、文學家著哲學史、化學家著戰争史等亦不乏其人，民國專題史研究呈現出開放、融通、跨界撰述的特點。與此同時必須看到，自晚清以來，中國的命運就在外侮屢犯、内亂頻仍的窘境中跌宕彷徨，民族存亡仿若命懸一綫。這股以創建學科、總結經驗、解決問題爲指歸的專題史出版風潮背後，包裹着民國學人企望以西學爲工具拯民族于衰微的探索精神，及以學術救亡的愛國之心。梁任公曾言：『史學者，學問之最博大而最切要者也，國民之明鏡也，愛國心之源泉也。』這種位卑未敢忘憂國的歷史使命感和國民意識是今人無法漠視和遺忘的。

『民國專題史』叢書收録的範圍包括現代各個學科，不僅限于人文社會科學，學科分類以《民國總書目》的分科爲標準，計有哲學、宗教、社會、政治、法律、軍事、經濟、文化、藝術、教育、語言文字、中國文學、外國文學、中國歷史、西方史、自然科學、醫學、工業、交通共19個學科門類。本叢書分輯整理出版，内不分科，單本發行，方便讀者按需索驥。既可作爲大專院校圖書館、學術研究機構館藏之必備資源，也可滿足個人研讀或興趣之收藏。

與目前市場已有的一些專題史叢書相比，『民國專題史』叢書具有規模大、學科全、選本精、原版影印的特點。本叢書選目首重作者的首創、權威和著作影響力，尤其注重選本的稀見性。所謂稀見，即建國後没有再版，且多數圖書館没有收藏，或即便有收藏，也是歸于非公開的珍本之列予以保存，普通讀者難以借閲。部分圖書雖有電子版，但作爲學術研究的經典原著讀本，紙質版本更利于記憶和研究之用。本叢書精揀版本最早、品相最佳的原版圖書作爲底本，因而還具有很高的版本收藏價值。

『民國專題史』的著作是民國學者對于那個時代諸問題之探究，往往有獨到之處，無論其資料、觀點短長得失如何，要之在中國現代學術史的構建與發展進程中，自有其開宗立論之地位。

總理遺像

總理遺囑

余致力國民革命凡四十年其目的在求中國之自由平等積四十年之經驗深知欲達到此目的必須喚起民衆及聯合世界上以平等待我之民族共同奮鬭

現在革命尚未成功凡我同志務須依照余所著建國方略建國大綱三民主義及第一次全國代表大會宣言繼續努力以求貫徹最近主張開國民會議及廢除不平等條約尤須於最短期間促其實現是所至囑

孫文

財政部部長宋子文

財政部次長張壽鏞

財政部次長李調生

前任財政部捲菸統税處處長謝祺

財政部捲菸統稅處處長兼總纂程叔度

財政部捲菸統稅處副處長兼副纂汪厚

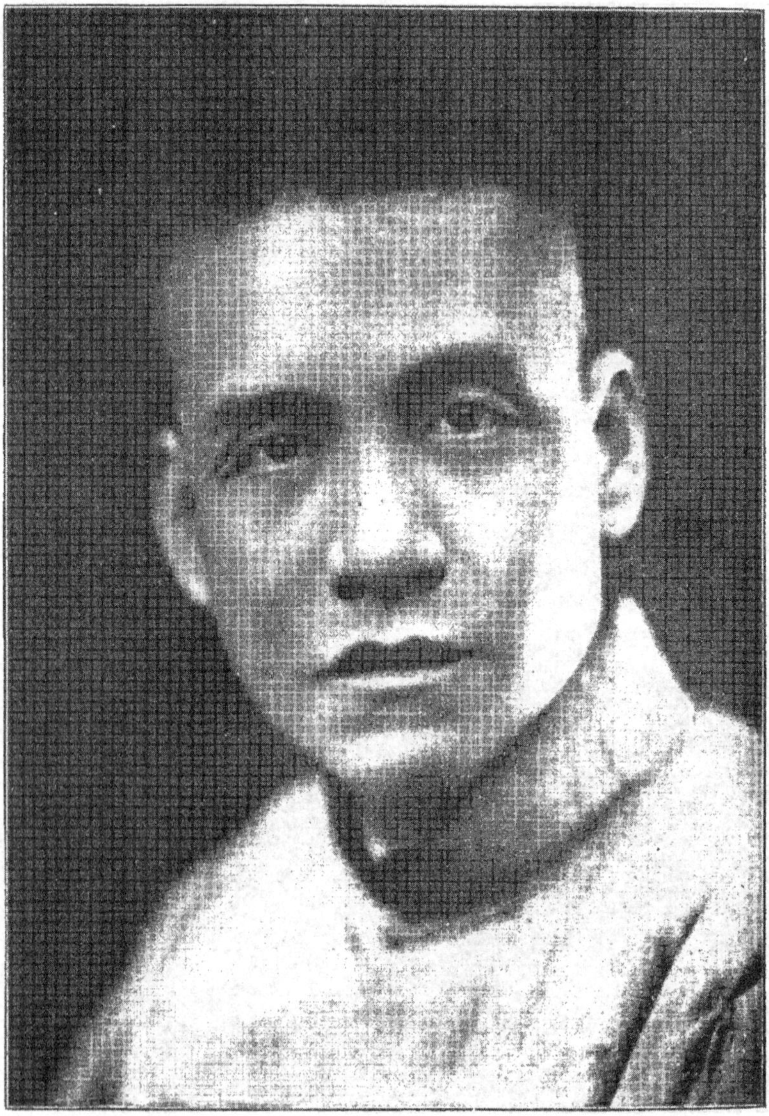

財政部捲菸統稅處祕書兼副纂董仲鼎

第三科科長
兼分纂
江永一

第二科科長
兼分纂
呂孝翼

文牘股主任兼分纂王謇

查緝股主任兼分纂蔡曉

稅務股主任兼分纂沈天彊

統稅處全體職員攝影

財政部捲菸統

捲菸統稅史

序

捲菸爲消耗品亦爲奢侈品以嗜之者衆行銷之廣幾與日用必需品同各國多重課其稅寓禁於徵亦有采保護政策由國家專賣者就國家財政言實不失爲一大宗收入也通海以來我國社會亦浸浸成爲捲菸之市場所銷售者且以舶來品居多歷年漏巵奚止萬萬顧向之理財者不知寓禁於徵未嘗課以重稅致社會經濟之消費於此嗜好者雖極鉅而無補於國家之收入稅源坐失滋可惜也宋部長子文有鑒於此乃創辦捲菸統稅規定稅率設處專司當其開辦之始疑阻叢生組織辦法亦鮮有成例可援幸子文部長持以毅力昕夕規畫董飭在事諸君加之努力卒使各方就範租界推行辦理迄今成效昭著論推行區域已由五省而擴至十有三省論稅收數額已由月六七十萬元而增至三百數十萬元設能推及全國稅收之旺當更數倍于今日此種奢侈稅於商民不爲苛徵於國庫大有裨益以言開源誠爲一道矣茲者程君叔度等編著捲菸統稅史一書詳紀原委輯錄條文舉

凡創辦經過組織辦法與夫種種細密之方式釐然具備與通常刊物之僅重理論者迥乎不同手是編者可以見任事諸君之苦心可以知凡一制度貴乎有良好精密之實際方案則此書也不特爲捲菸統稅之信史抑亦足爲剏辦新稅之規範研究經濟之寶典已書成屬余樂而爲之序

中華民國十八年十二月譚延闓

序

自美國創行保護稅法以來各國遂以關稅爲抵制外來經濟壓迫之武器其法率於外國輸入貨加重進口稅對內僅加重奢侈消費稅以不苛擾爲原則捲菸稅屬消費稅之一種而吾國所銷者尤多舶來之品從前省自爲政舉辦特稅零亂紛歧無整齊畫一之稅率子文於十七年一月重長計政始設捲菸統稅籌備處於上海頒布征收捲菸統稅條例及征收辦法首與洋商烟公司訂立合約規定就關就廠征收稅款不分租界內地一律施行稅率則國製品爲百分之二二五舶來品爲百分之二十籌備既竣乃設捲菸統稅處直隸於財政部先從蘇浙閩皖贛五省試辦同年十一月邀集華洋菸商討論加稅問題一致通過遂從十二月一日起爲實行加稅之期改定稅率爲百分之三十二五華洋一律並將條例合約修正十八年四月湖北亦改辦統稅湖南河北山東各省繼之最近十一月廣東公布實行遼甯亦已仿辦廣西河南均在積極籌備以區域言由五省推行至十三省以稅收言由每月六七十萬元增進至四百餘萬元循此進行全國統一關稅自主實行之後卽捲菸統稅一項歲入雖增至一萬萬元亦非難能之事主其事者謝君祺開其先河艱難締造規

模畢具程君叔度繼任於後推行整理稅收激增爲國家歲入一大宗史稱善理財者不加民賦而國用益饒竊願持此與諸君子共勉之耳子文不敏濫竽財政無補時艱幸賴羣策羣力相助爲理使民國財政日趨於正軌於以促訓政之完成立富強之基礎今程君就其所經歷自創始至於最近狀况於其沿革損益之故條約法令之文删其繁蕪挈其綱領編爲捲菸統稅史將以信今而示後屬序於余因爲述其緣起如此民國十八年十二月宋子文序

序

自宋公子文長財政始創辦捲菸統稅制度更張徵收劃一凡從前畸輕畸重及夫省自爲政人自爲制法之不良弊之叢生者皆剗削消磨之於是稅增而人無怨言關稅而外財政之資以挹注者實爲首屈此固由於立法之始具偉大之計畫精神有以貫注而總司權政者奉行法令維謹絲毫不茍非偶然也夫菸草之爲物消耗品之尤者也東西各國大都取專賣制其所以取是制者何也蓋有鑒於蠶食蟲蠹之病而民皆相率而歸焉者教之諭之不能從而重征之以寓其禁之之意爲之以漸使日減其所嗜馴致淡而去之此不得已之意也今之所謂舶來貨其耗我經濟者以十七年統計測之在十二萬四千萬入超之數在三萬一千萬僅以捲菸一項而言以今之稅率衡量之歲之所耗已一萬萬以上蠶食蟲蠹之病一至於此能不怵然懼猛然省乎韓昌黎曰鑿井得泉而曰水竟在是豈理也哉吾見此稅收之鉅而喜財政之有裨惕此漏卮之大乃歎經濟之日涸修其本以勝之不能不有望於國人捲菸統稅史成程君叔度徵言因書以爲序時共和紀元十有九年一月二十六日四明張壽鏞

捲菸統稅史序

序

中國人口號稱四萬萬自與瀛海外各國通商互市以來俗尚遞變人生之需要亦若因之大異一般金錢日常消耗於無形於是奢侈品亦爲政府徵稅之一端如捲菸之類是也捲菸之最初流行者祇有雪茄積久而推衍日廣各種紙捲菸接踵繼起每年輸入中國致爲進口貨之一大宗外商復圖華工資賤運銷便利因於各通商要埠設廠製造我國商人歆其利而倣效之品彙日繁工廠公司林立櫛比運路又水陸雜出稽徵綜核縝密綦難非見阻於外商而氣餒即見抗於華商而中止此紛擾既久而辦理統稅之非易也民國十七年始頒條例先與英美菸公司協商就緒實爲統稅發源之始是年部委謝君祺爲處長若蘇省若浙閩若皖贛首先開辦並邀集華洋菸商討論加稅一致贊同進行益利程君叔度繼之尤加發展漸次及於湘鄂薊魯更南至粵桂北迄遼瀋中復及於汴洛不數月間推行已達十有三省其收入激進幾不可以道里計此中規畫整理事實繁複宜有專史以志其詳比經叔度發凡起例由同僚諸君分任編纂凡關於創始沿革出品種類以及章制條例無不兼包並舉朗若列眉足資後來考鏡調生佐領度支幸覩厥成竊願吾國之談稅法者皆

先就事實洞明其原委本諸經驗編纂成書以免嚮壁虛造之弊或亦理財之一助也

中華民國十八年冬日武進李調生序

敍

改良稅法首在弊去而後利興弊不去固不足云利國且重以病民向之各省釐捐是也況自各國互市以來損失之漏巵若水之就下非從關稅自主將無以挽回外溢之利權非自統一稅收卽無以排除自主之障礙是以對內而言利民生對外而言崇國體欲謀改良稅法以爲自主之基統稅之行不容緩矣余於十七年二月奉令開辦全國捲菸統稅事當軔始中外因應竭誠以赴幸底於成適値北伐奏功征區獲以推廣隨增稅率並就範圍計自得替以來今將及歲繼任程君叔度已將斯稅之經過彙編成史規章畢載稅入倍增余服程君補益之多愈信統稅應行之要循茲弊革而民便民便而利興國產日富國步日增國幣從以日裕此宋公部長創此統一稅制固早洞明中外情勢所以毅然不撓也語曰難與民圖始大都由於初乏眞知確見遂不免疑阻之生故

先總理有曰知之維艱也今程君綜此稅之章制遞嬗詳載於史刊布於衆述以往而示將來使我國人咸瞭然於統稅之旨施行之善裨於國實利於民今之中外貨稅其應急求統一者顧豈一捲菸已哉竊冀國人手攬是編有所觀感會此改良稅法之義庶乎得以推行

盡利也則此冊將爲指導之先航乎民國十八年十二月新會作楷甫謝祺

敍

自來言理財者莫不以改良稅法開闢利源相尚然欲其裕國帑便商情而無損於民生者未易言也若捲菸統稅則固於斯三者兼而有之矣蓋捲菸爲奢侈品非民生所必需從而稅之其影響不及於人民之生活於稅務原則可稱良稅然稅法有出產稅銷塲稅甫征之於此復征之於彼手續既苦繁重商賈尤病留難稽察銷疏奸利百出是稅良而稅之之法未善也宋部長有鑒於此特併產銷二稅爲統稅一次征貼印花之後通行全國不復重征創設之初謝君祺實主其事經營終歲畢具規模叔度於本年二月奉調斯職竊嘗以爲稅良矣法善矣而所以行之者在人吾國向者稅非盡不良也法非盡不善也然而帑絀於上商怨於下者何也官與商交利其私而不能擴然相見以大公也叔度就任以來競競自矢凡用人行政與夫往來交際胥施之以商業化使商人知照章納稅爲唯一之義務不能詭法以求免使員司知照章收稅爲唯一之職責不能巧法以多取旬月以來稅收銳增商運稱便其始也惟行之蘇浙閩皖贛五省而已繼乃北及於燕魯南及於湘鄂粤最近遼甯諸省亦且仿而行之雖未能周於國境然歲計收入已將達四千萬元之巨不謂爲良稅善法

不可得也雖然捲菸之輸入實自歐美產富而製精吾國菸商急起直追而原料所需大都求之異域是稅源日旺漏卮日多經濟平衡不無遺憾近年安徽之門台子蚌埠劉府河南之許州山東之濰縣坊子等處咸知種植美菸之利漸著成效所產菸葉歲計亦可獲利數千萬元其菸葉且多爲英美菸廠所購用政府對於菸葉亦以統稅之法行之杜煩苛而免紛擾誠能設法推廣普勸種植使捲菸原料悉取諸國產而不仰助舶來此則余所延頸企踵以盼吾國菸商之羣起研求而謀挽此外溢之利權者也編捲菸統稅史既竟輒具述其經歷與所冀望者弁於簡端民國十八年十二月程叔度謹識

例言

一　是編以捲菸現行徵稅辦法爲主要名曰捲菸統稅史其統稅以前之變遷仍於第二章敍述大略俾明沿革

一　是編共分九章一概論二沿革三改辦統稅四施行規畫五實行加稅六擴充區域七收稅狀況八雜錄九結論大致以時期先後爲次第庶於進行程序不致淩躐

一　是編詳紀事實故每章繁簡不同其事實較繁者則每章更分節敍述以類相從俾便參考

一　是編輯錄法規或章則均依類編列於每章每節之後以便檢査

一　是編第四章敍述施行規畫以最後改良者爲施行之標準故凡輯錄稅制均以現行者爲主廢止條文概不著錄以免繁冗惟征收條例與華洋合約先後互見誠重之也

一　各省籌備施行狀況均已分省敍述惟遼甯雖照統稅稅率征收而行政仍襲舊貫迄今未據詳細報告暫從闕略

一　國內各菸廠營業狀況經過歷史原擬另訂專章俾資考鏡惟徵求報告甚屬寥寥間

有答復亦屬片段有著作物者僅止南洋公司一家無可隸屬編入雜錄以備觀覽

一　捲菸牌名登記繫于稅等加減現已分類編輯一目暸然惟因牌名繁多太占篇幅容俟另出專書是編概不著錄

一　是編倉卒告成搜集未周體例未善均所不免惟關於統稅經過已大略盡於是矣

捲菸統税史目錄

第五章　實行加稅

第九章　結論

捲菸統稅史

第一章

概論

人民負納稅義務以供國家之用視其力之所能至本不以稅重爲患若征榷煩瑣而負擔不得其平則是所深患而成爲怨毒者矣何也譬如米粟國人相需之量相等也假令有米一石自其播種收穫販運以至列於市廛而待糶其間經過丁米串票厘捐一再之征抽稅率縱曰不重已煩瑣矣若曰凡有一石之米其納稅義務皆爲一元固無所謂不平然而此一元之義務轉嫁於富者負之無損於毫末在貧者將不能勝其任此稅之似平而實非平者也是以善爲政者擧一新稅必爲貧者擔負設想而謀所以減輕之於富有階級則多取之而無傷職是之故邇來各國稅則遂多側重於奢侈品稅良以奢侈品本非生活必需無產階級少有所消耗縱重其稅無礙民生此不可不知者也夫捲菸一項豈獨奢侈品而已哉其爲物也舶來爲多流毒社會雖未及鴉片之烈然弱腦傷肺耗金錢於無形久在可禁

之列乃近年以來舉國嗜之成癖老幼男婦幾無不吸最近調查全國每年消費捲菸之量已達二萬萬元以上而需要之殷方如雲起泉湧莫可障堵政府誠慮國人日趨於吸菸之習奢靡成風而不可返更惕然於金錢外溢之日鉅宜有以挽制之捲菸征稅之原因在此其稅率增高之原因亦在此至改徵統稅之沿革如何開辦之經過如何征收之方法如何收入之成績如何本書將詳爲列舉以待國人之評鑒然辦理捲菸統稅有異於其他貨物稅之特點二一曰不煩瑣二曰能平均凡此二點皆本於革新稅政之意不能不於編史之時先爲國人告者夫辦理稅務求其不煩瑣而能平均未易言也煩瑣之至中飽弊生不平之至民力先憊若捲菸統稅係以貼花出廠爲原則直接取諸菸商間接取於吸戶凡菸貨一經菸商納稅貼足印花卽可行銷各省旣無沿途關卡節節留難之煩復無稽征人員層層索擾之弊此其手續簡便之異於其他稅政者一也捲菸良劣不一良菸之價有高於劣菸十倍以至數十倍者統稅以海關估價爲標準分爲七級征收之照現在稅率一等菸五萬枝征稅四百零四元六角二分五厘二三四五六七等以次遞減有差其最低之七等每五萬枝僅征二十九元二角五分人民各視其能力擇菸而吸苟最下等菸之稅款亦無力擔負焉斯不吸而已絕無妨於生計此其義務平均之異於其他稅務者二也惟捲菸稅旣

較別項貨物爲重故不能不格外體恤商艱凡已稅之菸發生霉壞或因故不能銷售退回原廠時一經證明卽可發還稅款以視其他貨物一經完稅不問其貨是否能銷均不能退稅者其辦法迥不相同也以上所述皆指便民便商而言若就政府自身言之上下不能相蒙彼此可以稽核其辦法之嚴密亦有可述者吾國各項厘稅夙稱多弊浮收偸越所在皆有人民所輸半飽私囊若捲菸統稅則不然印花卽爲稅款之代表銷出印花若干卽征起稅款若干不能以多報少印花均列有號碼一經貼用卽設簿註銷倘有假冒隨時可以發覺此經征人員無可舞弊一也每菸廠一處設置駐廠員監視製造並貼花起運合十數廠爲一區設區管理員以監察之復於各省各交通要衝酌設查驗所專司查緝縱有私菸難於走漏此奸商之不易走私又一也溯自開辦統稅以來由五省試辦範圍推廣至十二行省每月稅收由六七十萬元幾增至四百萬元之鉅雖未可謂已臻完備然從此益加整理並能假以時日則於裕國便商而無損於民之目的庶幾可達乎訓政時期政府對於各項稅政具有革除積弊之决心加稅裁厘尤爲當務之急是捲菸統稅之施行實爲稅法改良之第一次試驗異日訂定百貨稅法將必有所採擇則斯編之紀錄亦不可以已也

第二章

捲菸稅之緣起及其沿革

機製捲菸輸自外洋國內首先仿造者厥惟南洋兄弟公司在民國初元凡船來捲菸運銷通商口岸者僅納海關正稅百分之五若復轉銷內地則另納子口稅百分之二五其他一切雜稅厘金概免重征民國四年北京財政部籌備菸酒公賣曾咨由外交部對各國聲明公賣費僅征之於土菸土酒其洋菸洋酒另定辦法再行通告斯爲洋菸洋酒在內地被征消費稅之先聲未幾公賣實行各省菸酒局有向洋菸征收費款者外商藉口違反條約並依據部咨拒絕繳費經各省以營業性質立論就地交涉各國公使復紛紛提出抗議案懸數載相持未決迨至民國十年全國菸酒署以捲菸爲奢侈品各國均課重稅而我國頻年銷場日盛尙無統一征稅之規定公家損失爲數不貲爰召集英美烟公司代表會議該公司封於征稅原則並不反對惟稅率一項要求不得過高迭次磋議始於是年八月間與英美烟公司簽定聲明書十一條並由菸酒署擬訂紙菸捐征收章程呈經北京政府令准公布於十年十月一日施行其規定征收辦法計分兩種（一）出廠捐專征在華製造之品

無論等級高下每箱五萬枝征出廠捐銀二元每五千枝征銀二角即以五千枝爲單位不及五千枝者亦以五千枝計算納稅憑證以印花行之概由全國菸酒署製發（二）內地二五統捐凡在華製造品及舶來品均應完納捐率從價征收百分之二五估價標準則按照海關進口紙菸估價計算其捐率分四等列表如左

分等	枝數	納捐銀數
一等	五萬枝	一〇二·三七五
二等	五萬枝	七·一二五
三等	五萬枝	四·一二五
四等	五萬枝	二·一二五

以上第一項之出廠捐不論租界內地一律照納旋即改分七等征收第二項之二五捐則僅銷內地之紙菸納之凡已納出廠二五兩捐運銷各地除海關稅暨舊北京之崇文門稅以及店鋪營業稅外不再征收他項厘稅至聲明書有效期間定爲八年自十年十月一日起至十八年九月底止稅率捐章大致規定當由全國菸酒署於上海設立紙菸捐務總局設分局於漢口天津設督察處於山東蓋滬漢津靑爲菸廠集中之區故特設局處直接征

收其他商埠及重要地方則設查驗所分所及分卡專司查驗以杜走漏各菸廠由總分局及督察處派員駐廠監察各省應納二五統捐用記賬法按月由菸商向上海總局結算出廠捐則由總局及所在地分局或督察處經征至查驗所以下均重在查緝不收捐款全年出廠二五兩捐約可收銀三百萬元此創辦紙菸捐之緣起也民國十二年浙江因創辦省道需款甚鉅因以捲菸一項原定統捐捐率甚輕尙可酌量增加當經訂定征收捲菸特稅辦法稅率按批發價格抽收百分之二十此項特稅取諸吸戶由各售菸商店代征浙既實行各省相繼仿照辦理或名特稅或稱吸戶捐其稅率爲百分之二十亦有百分之三十至四十者省自爲政多不一致各外商菸公司僉以有背歷來通商條約及聲明書十一條之規定紛請轉令停征經全國菸酒署電咨各省請予撤銷各省以特稅征自吸戶非厘金雜捐之比與條約及聲明書毫無關涉電請據理駁復而各菸公司根據聲明書所載將各省已繳特稅在應納二五捐內扣抵糾紛益甚十四年復經菸酒署召集英美烟公司代表磋議解決辦法由署提出加征統捐分撥各省藉以抵補特稅該公司頗表贊同惟加增稅率祇允以百分之五爲限復由菸酒署與該公司續訂聲明書四條規定運銷各省捲菸除原納出廠二五兩捐外另納保護捐一道捐率倍於內地統捐卽百分之五由署製定保護捐

印花發交菸公司貼用按月依照貼用印花數目計算應納捐款如數撥交各該省收用作爲抵補取消特稅之款由菸酒署通咨各省轉飭照辦然以稅率相差過鉅各省或表示反對或意存觀望遷延經年並未實行政局變遷事遂中輟民國十六年北京政府因軍需孔亟訂定紙菸出廠加捐辦法凡在華製造捲菸除納每五萬枝之出廠捐外應另納出廠加捐一道方准起運捐率爲百分之六五按海關估價計算通令各捲菸稅局遵辦其時上海漢口已入國民政府範圍僅天津及青島兩局遵照加征政令不行已同弩末是年國民政府定都南京卽於六月間公布征收捲菸稅章程規定進口及國內製造之捲菸均應繳納特稅百分之五十所有向征菸捐名目一律取消於各省設立捲菸稅總局專司稽征之責蘇省各菸公司以稅率過鉅負擔維艱羣請核減當由江蘇局呈准開辦之初暫予通融印花面額七折繳現實收百分之三十五施行未久旋將特稅取消改辦統稅此捲菸征稅沿革之大略也

第三章 改辦統稅

原夫捲菸統稅肇端於粵東試行於漢口其時革命纔告成功，各省財源未經整頓，稅收甚絀，名曰印花稅稅率爲百分之二十其繼也加至百分之五十迨誓師北伐奄有湘鄂政府移漢與民更始財政部長宋子文秉黨綱除苛稅將捲菸舊征之二五捐吸戶捐特稅一律取消（祇留出廠捐一項）改辦統稅於十五年十二月公布施行稅率爲百分之一二五先就湘鄂贛三省試辦是爲統稅創辦之始翌年奠都南京六月財政部公布征收捲菸統稅暫行簡章稅率增至百分之五十未幾又改爲特稅稅率驟增菸商觀望於是又減爲七折征現（卽百分之三五）政府雖體恤倍至而稅收仍未見增進推原其故捲菸稅源以上海爲總匯菸商漏稅恃租界爲護符且內地與租界距離咫尺菸價懸殊避重就輕勢所必至繞越偸漏何可勝防此實爲一大原因也嗣宋部長復長財政詳察商情洞見癥結首擬減輕稅率以紓商困且以特稅爲當時省稅名詞旣爲國稅直隸中央未便沿用況統稅制甚簡易行之於粵東漢口商民稱便成効卓著英美菸公司先於漢口函部遵繳一旦繼續施行統稅則租界商埠自無扞格之

處是於民國十七年改辦捲菸統稅劃入國稅項下由部直接征收所有定條例訂合約組織處務試辦經過分節述之俾有所考焉

第一節　征收辦法及條例之制定並與洋商接洽之經過

財政部改辦捲菸統稅初設籌備處於上海規畫進行事宜於十七年一月十八日頒布征收捲菸統稅條例八條征收辦法十三條並與英美菸公司及各洋商訂定合約九條其條例辦法規定要點爲實行就關就廠征收稅款不論租界內外一體施行稅率則國製品爲百分之二二五舶來品爲百分之二十統以海關估價爲標準依表面觀察雖有二五之差其實舶來品另納海關稅百分之五國製品之原料進口稅銀大略折算亦約有百分之二五故照上列稅率規定以示華洋待遇平等又以五萬枝菸爲計稅標準五千枝爲納稅單位印花貼於箱面免去逐包逐聽貼花之煩瑣惟對於各洋商合約仍聲明保留逐包貼花辦法以有無流弊爲衡得隨時變更其制至合約之規定以征收條例及辦法爲範圍捲菸稅級分爲七等納稅分舶來捲菸及國內製造捲菸兩種按五萬枝納稅總數分等以關平核計購領印花則用記賬法於每月月終結算清繳如遇重征准於稅款內扣抵凡完稅菸件遇有霉壞或因故未能售出因而退回原廠或轉運免稅區域者均於查明情形後准予

退稅此項合約由英美菸公司公函承認各洋商公司亦仿照辦理經財政部長核復許可至雪茄菸統稅亦同時核定公布惟稅級祇分六等以一千枝爲計稅單位納稅印花則貼於盒上其他辦法與捲菸均同茲將條例等項依次列後

（一）財政部徵收捲菸統稅條例

第一條　凡一切捲菸及菸葉製成之貨品除國內土製菸葉菸絲外均應照本條例之規定完納捲菸統稅

第二條　捲菸統稅爲中央國稅由財政部於相當地點設立全國捲菸統稅總處徵收之其各省應設捲菸稅局由總處籌設呈部核定關於前項統稅上之檢查緝私事務由該原處辦理之

第三條　凡一切進口捲菸及以菸葉製成之貨品於繳納進口正稅及二五附稅後應按照海關估價復納捲菸統稅百分之二十凡一切在本國境內設廠製造之貨品概應由主管機關以海關估價爲標準徵收百分之三二五（卽每百元徵收三十二元五角）卽准其行銷各省及租界商埠不再重征他項稅捐

第四條　關於捲菸粘貼印花事須由所在地捲菸稅局派員駐廠監貼不論在租界商埠

之內或租界商埠之外銷售捲菸其箱上均應貼有印花違者以私論
第五條　凡省市各地方政府及軍警機關對於捲菸稅範圍內之檢查緝私事項由財政部咨行各主管機關所屬一體協助辦理
第六條　關於取締捲菸營業事項另定之
第七條　凡本條例未經規定事項由財政部隨時以部令行之
第八條　本條例自公佈之日施行

（二）財政部捲菸統稅處暫定徵收統稅辦法

第一條　一切捲菸均須遵照國民政府徵收捲菸統稅條例完納捲菸統稅
第二條　在國民政府管屬行省內凡無本處印花及運照證明該捲菸已完納捲菸統稅者各海關不得放行
第三條　凡舶來之捲菸均就入口所在地之海關用粘貼印花法徵收之
第四條　凡舶來捲菸入口時除向海關繳納關稅二五稅外須繳納值價百分二十之捲菸統稅始予驗明放行
第五條　凡在國民政府管屬區域不論內地租界設廠製造之捲菸應遵照頒定徵收捲

菸統稅條例徵收價值百分之二十二五之捲菸統稅卽准其行銷各省及租界商埠不再重徵他項稅捐

第六條 本處特派辦事員常駐海關徵收舶來捲菸統稅該稅款繳足及就箱按等貼足印花後由駐關辦事員於印花運照加蓋驗訖圖記證明該稅付訖印花貼足准予放行

第七條 捲菸商應仿照海關報稅辦法塡具報告單及繳納應繳稅款呈報核明卽將印花照數發交由本處派員監同該菸商粘貼並蓋驗訖圖記

第八條 凡已貼印花及已驗訖之捲菸若轉運其他口岸在本政府管轄區域外者應由該菸商據實聲明其轉運之貨物名稱及數目並運往地點以憑發給准許轉運憑證派員監視起運

第九條 凡在租界商埠之內或在租界商埠之外運銷捲菸其箱上均應貼有印花違者以走私論究罰

第十條 各捲菸商所有出品須先將該捲菸價目種類牌號裝式稅額分別呈處註冊並如有變更須隨時報告以便查核

第十一條　捲菸商於每次運菸報告單所載數目應貼印花由本處所派人員監貼時查明所報種類是否相符印花數量是否足數由該員核明署名負責並蓋騎縫章於印花及所運箱面之上

第十二條　各菸商繳納印花稅時應按照規定稅率辦理不得匿漏違者以瞞稅論從嚴處罰

第十三條　以上各項如有未盡事宜得隨時修改之

(三)財政部與英美烟公司訂定合約(各洋商公司合約均仿此)

■英商駐華英美菸公司(有限公司)上財政部宋子文部長公函

敬啓者茲照國民政府十七年一月十八日命令頒布征收捲菸統稅條例敝公司願依據左列條款凡運銷江蘇浙江安徽福建江西及其他隨時隸屬國民政府管轄省內之貨物繳納左開各稅敬請　明鑒不勝幸甚此上

國民政府財政部部長宋

英商駐華英美菸公司(有限公司)柏思德

一九二八年一月十八日上海

第一條　進口菸貨納稅率

海關稅　值百抽五

華府稅　值百抽二·五

國民政府統稅　值百抽二十

國內製造菸貨納稅率

國民政府統稅　值百抽二十二·五

統稅應照海關估價等第計算如下

	貨物名稱	納稅單位與捐稅	
	紙菸		關銀
甲	每千枝值關稅十二兩五錢以上及菸支上未印有菸牌或名稱者	每千枝	八錢三分
乙	每千支值關銀八兩五錢以上至十二兩五錢	每千枝	五錢三分
丙	每千枝值關銀六兩五錢以上至八兩五錢	每千枝	三錢八分
丁	每千枝值關銀四兩五錢以上至六兩五錢	每千枝	二錢八分
戊	每千枝值關銀三兩以上至四兩五錢	每千枝	一錢九分

己　每千枝值關銀一兩五錢以上至三兩　每千枝　一錢一分

庚　每千枝值關銀一兩五錢或一兩下　每千枝　六分

按照上列等第計算故每等所應納統稅如左

	進口紙菸	國內製造紙菸
頭等每五萬枝箱	二四九元	二八〇・一二五元
二等每五萬枝箱	一五九	一七八・八七五
三等每五萬枝箱	一一四	一二八・二五〇
四等每五萬枝箱	八四	九四・五〇〇
五等每五萬枝箱	五七	六四・一二五
六等每五萬枝箱	三三	三七・一二五
七等每五萬枝箱	一八	二〇・二五〇

第二條　征收統稅用購領印花辦法印花由國民政府供給凡運銷貨物於國民政府管轄下各省時須將印花貼於箱上

第三條　因繳納上開稅率之關係所有對於菸貨征收任何性質之其他現行各稅一律

取消又在本辦法有效期內除依第一條所列舉各種稅率外不得另有課征

第四條　購領印花款項公司須於每月月底後從速結算清繳

第五條　國民政府管轄各省內如有向公司貨物征收第一條所列舉各稅以外之捐稅公司得將此項捐稅數目於每月繳款內扣抵

第六條　如貼有印花之貨物未能售出因而被毀時公司應收回購買該項印花之費凡當地稅局局員出具印文載明印花數目並證明貨物業已銷毀者該印文應認爲可以收回印花費之確實證據或公司遇必要時將貼有印花之貨物自本約所括省區轉運往非國民政府所轄各地經公司代理人申請後當地稅局須發給印文註明轉運事項並證明所納統稅印花數目應由公司收回

第七條　公司貨物所運往之省分無須繳納第一條所定統稅惟須經過國民政府所轄省分者應給予憑照准其免除任何性質之捐稅如貨物經過此項省分被征收捐稅時該捐稅須如數償還公司

第八條　進口菸貨及國內製造菸貨運往本約規定以外之地點或運往外國者應免繳本約所載之統稅

第九條 如他公司菸貨於稅務上享受優越待遇時應享受同等待遇并得將公司與他公司納稅率間之差數於按月繳款內扣除之

■財政部宋子文部長致英商駐華英美菸公司(有限公司)公函一(譯文)

逕復者頃接本月十八日來函內稱遵照民國十七年一月十八日國民政府所頒捲菸統稅條例提出關於納稅各條件等因本部長代表本政府對於該條件予以同意但在每箱上粘貼印花一節如施行未能滿意時本政府仍保留其將印花改貼菸包或菸聽上之權以正式通知行之卽希查照爲荷此致

英商駐華英美菸公司(有限公司)

財政部長宋子文印

十七年一月十八日

(四)各雪茄菸公司承認合約

■各雪茄菸公司上財政部宋子文部長公函(譯文)

敬啓者茲照國民政府民國十七年一月十八日頒布徵收捲菸統稅條例敝公司願依據

左附條款凡運銷江蘇浙江福建安徽江西及其他隨時隸屬國民政府管轄省內之雪茄烟繳納左開各款敬請

明鑒不勝幸甚此上

國民政府財政部部長宋

一九二八年　月　日

第一條　進口雪茄烟納稅率

海關稅　值百抽五

華府附稅　值百抽二·五

國民政府統稅　值百抽二十

國內製造雪茄烟納稅率

國民政府統稅　值百抽二十二·五

統稅應照海關估價等第計算如下

貨物名稱	納稅單位與捐稅
雪茄烟	關銀

甲	每千枝值關銀四十兩以上者	每千枝	三兩
乙	每千枝值關銀二十兩至四十兩者	每千枝	一兩三錢
丙	每千枝值關銀十兩以上至二十兩者	每千枝	七錢五分
丁	每千枝值關銀五兩以上至十兩者	每千枝	三錢七分五釐
戊	每千枝值關銀三兩以上至五兩者	每千枝	二錢
己	每千枝值關銀三兩或三兩以下者	每千枝	一錢五分

按照上列等第計算故每等所應納統稅如左

	進口雪茄烟	國內製造雪茄烟
頭等每千枝	十八元	二十元·二二五〇
二等每千枝	七元·八〇	八元·七七五
三等每千枝	四元·五〇	五元·〇六五
四等每千枝	二元·二五	二元·五三一
五等每千枝	一元·二〇	一元·三五〇
六等每千枝	·九〇	一元·〇一三

第二條　徵收統稅用購領印花辦法印花由國民政府供給凡運銷之雪茄烟於國民政府管轄下各省時公司須將印花貼於盒上

第三條　因繳納上開稅率之關係所有對於雪茄烟徵收任何性質之其他現行各稅一律取銷又在本辦法有效期內除依第一條所列舉各種稅率外不得別有課徵

駭四條　購領印花款項公司須於每月月底後從速結算清繳

第五條　國民政府所管轄各省內如有向公司雪茄烟徵收第一條所列舉各稅以外之捐稅公司得將此項捐稅數目於每月繳款內扣抵

第六條　如貼有印花之雪茄烟未能售出因而被毀時公司應收囘購買該項印花之費凡當地稅局局員出具印文載明印花數目並證明貨物業已銷毀者該印文應認為可以收囘印花費之確實證據或公司遇必要時將貼有印花之雪茄菸自本約所括省區轉運往非國民政府所轄各地經公司代理人申請後當地稅局須發給印文註明轉運事項並證明所納統稅印花數目應由公司收囘

第七條　公司雪茄菸所運往之省分無須繳納第一條所定統稅惟須經過國民政府所轄省分者應給予憑照准其免除任何性質之捐稅如雪茄烟經過此項省分被

徵收捐稅時該項捐稅須如數償還公司

第八條　進口雪茄菸及國內製造雪茄菸運往本約規定以外之地點或運往外國者應免繳本約所載之統稅

第九條　如他公司雪茄菸於稅務上享受優越待遇則公司應享受同等待遇並得將公司與他公司所納稅率間之差數於按月繳款內扣除之

■財政部宋子文部長致各雪茄菸公司公函（譯文）

逕復者本月三十日

來函內稱遵照民國十七年一月十八日國民政府所頒捲菸統稅條例提出關於納稅各條件等因本部長代表本政府對於該條件予以同意此致

雪茄菸公司

財政部長宋子文

十七年三月卅日

第二節　捲菸統稅處之成立

條例既頒稅率已定籌備告竣實行開徵乃設捲菸統稅處於上海委謝祺爲處長草創經

營規模粗具於十七年二月六日成立直隸於財政部掌理全國捲菸統稅一切事項原訂組織章程十四條辦事細則分訂四章二十五條後經改訂章程併爲十一條細則分訂五章十八條並增訂稽核員簡章八條茲録其現行者如左

(一)財政部捲菸統稅處組織章程

第一條　本處隸屬於

國民政府行政院財政部管理全國捲菸統稅一切事項

第二條　本處設處長一人副處長二人承財政部之命管理處務及指揮監督本處各員司暨所轄各機關

第三條　本處設祕書二人承長官之命辦理機要及撰核文稿事項

第四條　本處設左列各科

第一科

第二科

第三科

第五條　第一科掌理事務如左

關於典守印信收發文件庶務事項
關於本處及所屬各機關職員之任免奬懲事項
關於保管檔案樣品官有物件事項
關於章則文稿之撰擬事項
其他不屬於各科一切事項

第二科掌理事務如左

關於稅務行政之設計處置各事項
關於印花之製造保管及發行事項
關於本處及所屬各總分局預算決算之編擬核定事項
關於審查征收成績及考核各省分局之報告事項
關於稅款之保管及報解事項
關於一切會計制度事項

第三科掌理事務如左

關於稅率之審訂事項

關於調查捲菸價格牌號產銷額類登記事項
關於捲菸營業取締事項
關於海關郵局及菸廠之監查事項
關於查驗緝私及審核處罰事項
關於運照之保管及發給事項
關於編製各項統計表册事項

第六條 各科設科長一人科員書記官各若干人承長官之命辦理各該科事務書記雇員若干人辦理繕校各事務

第七條 關於本處所轄各機關尋常事項得以處令行之其最要次要事項以部令行之但於必要時亦得發處令

第八條 按照就關就廠征稅之原則於管轄區域內海關郵局菸廠得派員分駐辦理監查監收事宜其薪俸及各辦事細則分別另定之

第九條 本處設視察員稽核員各若干人承長官之命隨時派赴各省視察及分赴各菸廠稽核如查有違背定章或營私舞弊時須指實證據報告核辦並得酌量制止

第十條　本處辦事細則另定之

第十一條　本章程如有未盡事宜得隨時呈請部長核定之

第十二條　本章程自公布日施行

（二）財政部捲菸統稅處辦事細則

第一章　通則

第一條　本細則依照　國民政府行政院財政部核定本處組織章程各條之規定掌理全國捲菸統稅一切事宜

第二章　職掌分配

第二條　處長副處長秉承部次長命令綜理全處事務監督指揮所屬各職員暨所轄各機關考核其辦事成績及關於一切稅政事宜

第三條　本處設祕書二人承長官命令辦理機要事務及核擬機要文件

第四條　各科設科長一人承長官命令掌管各該科事務及指導支配各科員辦理主管事項

第五條　本處分設三科

（一）第一科設二股分掌左列事項

文書股

關於撰擬稿件各種章則及其他不屬於各科一切事宜

關於本處所屬各機關職員之任免獎懲事項

總務股

關於收發文件及保管檔案樣品官有物件事項

關於典守印信及收發繕校文件暨庶務一切事項

（二）第二科設三股分掌左列事務

稅務股

關於稅務整理之設計及審核征收成績處置退稅各事項

保管股

關於印花之製造保管及發行事項

關於各局繳驗核對各項單表運照及保管事項

會計股

關於稅款出納及稽核保管報解各事項

關於本處及所屬各機關預算決算之編擬審查核定事項

關於各省局各項報告表審核登記事項

關於一切會計制度事項

（三）第三科

查緝股

關於稅率之審訂事項

關於查驗緝私及審核漏稅處罰事項

關於海關郵局及菸廠之監查事項

登記股

關於調查捲菸價格牌號產銷額類事項

關於捲菸營業之取締事項

關於編製各項統計表册事項

發照股

關於運照之發給及保管事項

第六條　本處設視察員若干員承長官之命令隨時分赴各省局及其所屬辦事機關視察如查有違背定章或營私舞弊時須指實證據報告核辦並得酌量情形隨時制止

第七條　本處設稽核員若干員承長官之命令隨時分赴各菸廠稽核其職務與第六條視察員同

第三章　辦事程序

第八條　收發文件參照部定程序辦理

（一）凡來文分別用部銜或用處銜者由收發員摘由編號登記收文簿彙分各科送呈處長副處長閱後蓋章送祕書閱畢再送各該管科長批擬辦法會閱蓋章然後發給各科員敘稿

（二）凡來文中之速要件及解款文件各種日報表須分別隨時專送不得延擱

（三）凡去文部稿經處長副處長核閱蓋章後即由收發員專簿送部祕書處核

閱彙呈

部長判行後發交本處駐部辦事員分繕校對畢列簿送部用印逕交總收發處分發

(四)凡去文處稿經處長副處長判行發還時交由主辦各科轉發書記雇員分繕校對畢列簿交收發員送印封發

(五)凡送處會簽文件及部稿卽由收發員登簿送回主管機關收發如本處送請各署司處會簽者由收發員分別註明事由專簿夾送

(六)凡本處內傳觀之件由收發員專簿夾送祕書及各科傳觀

(七)如有各機關送來傳觀之件送處長副處長閱後卽由收發員摘錄事由登簿傳觀屬於某科者送交某科存查

(八)凡本處布告之件由收發員張貼布告處

(九)已發稿件及已閱備案來文由收發員登記交管卷員編號歸檔保管

第九條　擬辦稿件

(一)各科員如接到來文速要之件應隨到隨辦尋常文件至遲不得過三日其

有特別原因不能依期辦者應聲明理由如係存案者應隨時送交收發處轉送掌卷員掛號歸檔

（二）無論部稿處稿擬辦員均應具名蓋章分別逐件摘由列入送稿簿先送該管科長核閱蓋章轉送祕書覆核如有與其他各科有關係者分送會核蓋章再送處長副處長核判分別送部或發繕

（三）到文附繳表册及表照證單各件應由主管科抽提審查登記者由科長簽明文內以資查攷

（四）如遇事理與他科股關連者仍應送該科長股員會章

（五）凡稿件兩紙接連處及有添改者主稿員應加蓋小章以昭愼重

第十條　如未經處長副處長判行稿件或雖經判行而屬於機要者各職員均應嚴守祕密不得宣洩

第十一條　各員調閱案卷須繕條蓋章送管卷員以憑檢交還卷時取回原條惟一切案卷祗備辦公檢查不得攜帶出外

第十二條　稅款及票照印花之管理

（一）管理稅款票照印花設立左列各種簿記

捲菸日記帳

捲菸登記簿

印花登記簿（其他一切未能詳列）

（二）各局報解稅款數目及文件由主管員分別登入日記賬

（三）各局請領票照各件照發後由主管員分別登記

（四）各局呈繳之稅收日報表由主管員稽核無訛分別列入登記簿

（五）各局呈報領發印花各計算書表由主管員分別核對列入登記簿

（六）上項各種登記應由主管員加蓋登訖戳記以負專責並須日清月結毋得混淆

（七）關於各局呈報稅收日表及解款事項除登記外由主管科按日列表報告處長副處長核閱

第四章　考勤

第十三條　本處辦公時間定爲上午自九時起十二時止午後自二時起至五時止遇必要

時得延長之由處長副處長臨時規定每星期及例假國慶日均照章休息

第十四條　本處設置考勤簿各職員到處辦公須親自簽到不得託人代簽其逾規定時間到處及先行散值者應先向長官聲明理由註明簿內

第十五條　本處職員非有疾病及不得已事故時不得請假如必須請假時應遵部定規則辦理續假亦如之

第十六條　辦公時間除因公接洽來賓外其餘概不見客

第五章　附則

第十七條　本處遇有特別事故須派專員辦理時呈請部長添派之

第十八條　各省捲菸稅務分別設立總局分局卡辦理其組織章程及辦事細則另定之

第十九條　本細則自公布日施行如有未盡事宜得隨時呈請修改之

（三）財政部捲菸統稅處稽核員簡章

第一條　本處因江蘇省區菸廠林立俱在上海商埠開設特於本處設置稽核員稽核上海各菸廠出貨數目及駐關駐廠駐郵各員辦事成績一應事宜

第二條　稽核員不設額以事務之繁簡支配之按照薦任或委任待遇由處遴員呈請部長派充

第三條　稽核員稽核之職務關於左列事項應負稽核之責

甲　菸商及駐關駐廠駐郵員之報告

乙　菸商報數或有不實得調閱其簿據審查之

丙　駐關駐廠駐郵辦事員之勤惰

丁　各菸廠出數之多寡及其銷數淡旺之原因

戊　駐關駐廠駐郵辦事員有不法行為或被人指控者

己　各廠新出品核定之稅則或出品滯銷而聲請核減者

庚　其他交查或整理事項

第四條　稽核員如查明各區菸廠確有漏貼印花或其他營私舞弊情事得有確切證據應即據實詳報以憑核辦

第五條　稽核員稽核各廠應於每週將稽核情形詳細呈報得就稽核所得陳述意見

第六條　稽核員如不盡職或有串通舞弊行為一經發覺依法嚴辦

第七條　稽核員除出外執行職務外每日須到處辦公

第八條　本簡章自公佈日施行如有未盡事宜得隨時酌予修改之

第三節　過渡救濟之辦法

施行統稅爲稅法上一大改革結束舊稅卽爲推行新稅張本查原訂特稅稅率係百分之五十七折實征祇完三五較現訂國製品二二·五稅率計多納一二五當時市上積菸多已完過特稅且菸商購存印花爲數甚多僉以統稅既行則特稅存菸無可競銷輿論雜糅頗爲統稅之阻力或且以改稅爲罔利焉於此過渡時期不得不設法救濟財政部爲體恤商情起見特准發還惟盈虛消息貴得其平若將溢完之舊稅一次退清必至收入全無搖動新稅之根本故又酌定三七之制另製一二五退稅證准各菸商於購領新印花時持證三成與現金七成並用輿情以洽國用以紓綜計此項退稅約及一百餘萬元統稅初期稅收未旺職是故也

第四節　省區之組織及其變更

統稅改辦伊始僅就江蘇浙江福建安徽江西五省先行試辦江蘇省事務由捲菸統稅處兼辦不另設局（組織詳第四章第二節）其他四省各設總局並擇要分設查驗所組織

至爲簡單緣舶來菸件泰半在上海進口而國內菸件又完全在上海設廠製造關於就關就廠征收辦法均由處直接處理極形繁賾各省不過專司查緝或補稅及罰欵而已旋因兼辦煤油稅於九月一日改組爲捲菸煤油稅處處務更繁爰將江蘇省關於查緝補稅處罰各事宜劃出另設捲菸煤油稅局專主其事改訂章程分設局卡迨煤油劃歸海關征收於十八年二月一日復改組爲捲菸統稅處通令各省局改稱爲捲菸統稅局仍如其舊其查驗所管轄區域如有設立分所查驗之必要得設查驗分所凡十八年二月改組以前頒布組織章程均廢止茲錄其現行者如左

(一)財政部各省捲菸統稅局暫行組織章程

第一條　各省捲菸統稅局隸屬於財政部各設局長一人副局長一人承財政部之命綜理局務暨監督指揮所屬機關辦理捲菸統稅一切事項

第二條　各省局得設祕書一人掌理機要綜核各項文件及特別事項

第三條　各省局設兩課掌理左列事項

(一)第一課掌理關於撰擬文件典守印信保管卷宗及收發文件職員任免考

核並應務及捲菸進出境統計檢查各事項

(二)第二課掌理關於捲菸補征稅款及保管發給納稅印花運照登記及偵緝事項

第四條　各省局設課長二人承長官之命分掌各該課事宜

第五條　各省局依其事務繁簡酌設課員調查員檢查員各若干人並得因繕寫文件酌用雇員若干人

第六條　各省局所設祕書課長課員調查員檢查員以及書記雇員均由局長委任轉呈財政部備案

第七條　江蘇省區因菸廠俱在上海商埠開設監查最關重要得由局長派委各區管理員駐廠駐關駐郵辦事員仍呈財政部備案其他各省埠凡有菸廠各區均得照此辦理

第八條　各省局得於省內水陸交通扼要地點設立捲菸統稅查驗所分所專司檢查偵緝事宜但必須先呈奉財政部核准

第九條　各地查驗所長分所長均由各該省局委任仍須呈　部備案

第十條　各查驗所直接隸屬於省局設所長一員於必要時得酌設查驗分所但須先呈　省局核准方得設置

第十一條　各查驗所因事務之繁簡得設第一第二兩股分管檢查偵緝事項其職掌依照　本章程第二條辦理

第十二條　各查驗所設股主任二人股員稽查雇員等各若干人由所長委派呈報省局轉呈　財政部備案

第十三條　各分所得設分所長一員其稽查員雇員各若干人均由分所長委派轉呈省局　備案

第十四條　各局會計主任如係由　部派者應照　部定章程辦理

第十五條　各省局及查驗所分所辦事細則由各該省局擬定呈　部核准公布施行

第十六條　本章程如有未盡事宜得隨時修改之
第十七條　本章程自公布日施行
（二）財政部各省捲菸統稅查驗所分所暫行組織章程（十八年七月六日公布）
第一條　本章程依照　部定各省局暫行組織章程之第八條規定之
第二條　查驗所直接隸屬於省局查驗分所隸屬於查驗所並層遞受其指揮監督辦理補稅檢查偵緝各項事宜
第三條　查驗所得設所長一員分所得設分所長一員均由該管省局委任仍須呈部備案但查驗所必須先呈奉
財政部核准分所非必要時不得設置照省局暫行組織章程第八第十條辦理
第四條　各地查驗所事務繁簡不同轄境廣狹各異應定爲一等二等三等
第五條　凡該地轄境遼闊或商埠大鎮事務殷繁查驗補稅較多者得設一等查驗所地處扼要查驗較繁者得設二等查驗所其事務簡單者得設三等查驗所
第六條　凡一等查驗所得設股主任二人分第一第二兩股辦理補稅檢查偵緝事項其職掌依照省局暫行組織章程第三條辦理

第七條　凡二等查驗所得設股主任一人併辦第一第二兩股事項但事務較繁有補稅可收者得照一等查驗所分股設置主任惟必須先行呈奉該管省局核准

第八條　凡三等查驗所其職掌由所長酌量支配股員或僱員辦理不另分股設置主任

第九條　各查驗所得設股員檢查員僱員各若干人均由所長委派呈報省局轉呈財政部備案其員額以事務繁簡定之

第十條　凡查驗分所得設稽查員僱員各若干人均由分所長委派呈報本管所長轉呈省局備案

第十一條　各查驗所及分所辦事細則應定由該省局擬呈請財政部核准施行所有分配股員檢查員稽查員僱員等名額均於辦事細則內規定之

第十二條　本章程如有未盡事宜得隨時修改之

第四章

施行規畫

捲菸統稅之優點係將出產銷場兩稅合併爲一於貼花之後通行全國概不重征原則至爲簡單惟施行手續至繁且重故整頓規畫不遺餘力茲言其犖犖大者約有八端海關爲舶來品進口之要點郵局爲寄遞菸件所必經菸廠爲製造捲菸之產地均與稅收有密切關係於是有駐關駐郵駐廠辦法之規定省區組織繁簡不同以有無菸廠爲標準就蘇浙閩皖贛五省而論以上海爲菸廠集中之地故江蘇省事務最爲繁賾一應設置自應格外周密加以租界關係華洋雜處檢查匪易於是於固有查驗所之外更決定上海分區管理之計劃走私爲統稅唯一之漏卮事前則注意查緝事後則衡情處罰於是分訂章程以明示之印花爲有價證劵行使等於現金不得不防其僞造於是就成式而改良之菸廠商標影射漁利彼此訟爭不可究詰則菸牌廠名必登記以取締焉全國既未統一卽有此疆彼界之殊捲菸或有滯銷保無改運發霉之事則免稅退稅必詳審而限制焉其他土製捲菸則另定單行法以征收之零菸出廠以及額外重征私收規費則又三令五申以禁止之凡

此種種設施推行尙無窒礙是用分述詳著於篇

第一節 駐關駐郵駐廠辦法之規定及其擴充與改良

凡稽查進出口菸件征收船來品菸稅非在海關方面附設相當機關無從着手辦理故派員設立駐關辦事處於海關之內猶駐郵辦事處之設於郵務總局菸廠辦事員之常駐各該菸廠皆以期稽征之實施也其駐關辦事程序以征收進口捲菸稅款查核出口免稅菸件兩點最爲重要（手續均詳細則）駐郵則檢查往來包裹手續與駐關同而較簡駐廠則以調查製銷數量監貼出廠印花爲其專責（手續詳規則）初由捲菸統稅處直轄繼則改隸江蘇局迨十八年二月一日改組除駐廠事項仍由江蘇局負責辦理外其駐關駐郵兩項復改由處直接整理緣捲菸來源船來品佔全數三分之一均係就關完稅貼花故駐關辦事處負責至重然以各菸廠設在租界於查緝方面未能行使職權隱匿走漏難保必無紛紛有百密一疎之憾迭經計議咸以水上稽偵既付缺如而派赴各菸廠辦事職員祗有日班菸商如在夜間開工製造或於委員離廠後私運菸件出廠卽無法監視制止殊不足以昭嚴密因於十八年度開始編製預算對於駐關辦事處依據事實需要籌畫擴大組織卽於十八年十二月一日改組先設稽征調查兩股以期改善稽征手續杜絕奸商走私至

水上查緝問題緣上海江面遼闊灘岸綿長碼頭櫛比船檣林立擬設稽查員四十人分爲水面及碼頭兩組每組二十人並設督察員四人管理之日夜分班往來巡弋水陸互相策應防範較前益密現已從事規畫期於次第實行其駐廠夜班辦事員本爲經費所限現在江蘇局原轄駐關駐郵辦事處劃歸捲菸統稅處直轄卽將該項節餘經費移作添設夜班駐廠員之用總期少走一分之私卽可多征一分之稅至駐郵組織簡單核計稅項收入雖居最少數目然檢查亦不可少郵遞菸件原係零星苟非派員駐辦菸商知可倖免卽可釀成絕大漏卮是駐郵辦事實與駐關駐廠並重其一應手續均詳規則以及單表各式不再贅敘

(一)捲菸統稅處駐關辦事員辦事規則

第一條　徵收船來捲菸及菸葉製成之貨品統稅應設駐關辦事員專任監貼印花及監查進口事宜

第二條　駐關辦事員每日到關應依照海關華洋辦事職員同一時間

第三條　各菸商船來捲菸進口於碼頭卸貨起棧時駐關辦事員應卽限同該菸商逐箱查驗單貨相符後將本處驗單按箱滿漿實貼

第四條　駐關辦事員於進口起棧之捲菸應視其種類依照本處稅率立時塡就本處所發繳稅單交與該菸商連同應繳稅銀持赴代理國家金庫之中國銀行收稅處完繳統稅如該地未設中國銀行卽赴捲菸統稅收稅處之徵收機關完繳

第五條　駐關辦事員對於各關棧已經完稅起菸出棧時應注意其隨帶本處統稅印花是否與單貨相符

第六條　駐關辦事員俟菸商完稅給據換領本處印花之後核數相符監視該菸商將印花逐箱粘貼驗明卽於前貼菸箱查驗單之上加蓋本處所頒戳記蓋戳須一半蓋於箱上一半蓋於印花及查驗單上

第七條　駐關辦事員凡遇由關棧運裝輪船轉運他口之關內外捲菸應查驗其隨帶運照及菸箱所貼箱面查驗單暨騎縫戳記

第八條　駐關辦事員應將每日所駐海關進口或出棧之船來捲菸於查驗貼單後按照本處所頒日報表分別逐項塡明呈報

第九條　駐關辦事員查驗船來捲菸遇有新出品爲本處稅率所未規定者應一面按照海關估價依本處稅率塡給繳稅單一面呈報備查

第十條　駐關辦事員執行前條事務如有疑義或該菸商對於估價有所爭執時應請示遵行

第十一條　駐關辦事員遇有特別重要交涉事件亦應隨時報告請示遵行

第十二條　駐關辦事員在辦公時間不得擅離如有要事請假須先行呈候核准以便派員代理

第十三條　駐關辦事員如有收受陋規串同舞弊情事按律懲處

第十四條　以上各項如有未盡事宜得隨時修改之

(二)捲菸統稅處駐關辦事處辦事細則

(甲)執掌分配

第一條　本辦事處設正主任一人副主任二人監督職員並綜理一切事務

第二條　本辦事處設查核員一人查核本處一切賬單

第三條　本辦事處設辦事員四人辦理征稅記賬查核出口免稅菸件及掌管文件等事務

第四條　本辦事處設監貼員三人專司監貼印花等事

（乙）辦事程序

第五條　征收進口捲菸手續

一　凡有菸商報運捲菸進口應令塡具總處發交式樣自製之黃色進口報單隨同海關進口報單呈繳關員驗明並簽字爲證

二　商人持關員簽字之黃色進口報單來辦事處呈報菸件進口時由進口收單員收取報單驗明有無關員簽字核明枝數價值等級及應完稅銀數目塡給征收稅欵單隨將報單上數目先行登記帳簿並另抄塡貨品淸單存查後隨將黃色報單送總處保管存查

三　商人憑本辦事處塡發之征稅欵單至總處保管股繳訖稅欵或完訖記帳手續後進口收單員卽憑商人出口之征收稅欵末聯（卽總處第二科保管股蓋印之收據）於商人所持正稅餉單上加蓋收訖記帳訖或免稅等戳記（凡普通菸商完納現銀者用收訖戳記其英美大美雅達公司曾與財政部訂立記帳辦法者用記帳訖戳記一切出口及復進口菸件用免稅戳記）其戳記上由辦事處主任負責蓋章

四 總處二科保管股收清稅欵後除將稅欵收據及請領印花單二聯交同商人收執外保管股卽將應發印花檢齊加蓋駐關字樣（如係捲菸幷開明該項印花號碼單）暫行存儲該股隨將發給印花通知單一聯送交本辦事處以憑登記帳簿

五 商人將稅欵繳清領到請領印花單限兩星期內（如某月一日取到請領印花單以某月十四日爲限）領貼印花並請總處派員查驗逾期限者該次請領印花單連同收據均作無效概須另繳稅欵以杜延宕貼花請驗之習至該項逾期暫存保管股之印花應卽由辦事處陳明總處保管股函知該菸公司來總處會同將該印花加戳作廢

六 商人領貼印花時先由本辦事處驗明領後卽將保管股送存本辦事處之發給印花通知單由辦事處主任蓋章由監貼員憑向總處二科保管股提取現儲印花幷攜帶貨品清單前往各廠棧或碼頭監視粘貼同時通知總處三科派出查驗員攜帶查驗戳記（如係捲菸幷須向保管股領取該項印花號碼單）會同前往查驗蓋戳三科派出之查驗員應將貨品清單與貨品印花對明無誤及印花

號碼校對符合並查明如係運銷外埠貨物當卽貼花蓋戳如係就本埠銷售者應卽將箱貼印花劃毀並將原箱打開就各條分別加蓋戳記查驗完畢由監貼員及三科派員在貨品清單上簽名繳由監貼員帶同本辦事處又監貼員及查驗員各備日記簿將當日監貼及查驗之事實逐日記入蓋章後再送各主管人員蓋章

七　本辦事處隨憑繳還之貨品清單由記帳員登記每日記帳員應將已收統稅進口菸件細數已貼印花張數價值列表於次日送總處三科核對至總處保管股送存本處「發給印花通知單」之印花張數價值卽係暫存保管股之印花張數價值

第六條　查核出口免稅菸件手續

一　凡有菸商報運捲菸至未施行統稅區域於出口前應令塡具出口黃色報單隨同海關出口報單呈繳海關關員驗明簽字爲證

二　商人持關員簽字之黃色出口報單送交本辦事處出口收單員核收後應由該收單員驗明單上有無海關關員簽字驗明後卽將黃色出口報單抄存備查後

隨將出口黃色報單送交總處發照股一面即在海關正稅餉單上加蓋免稅戳記經由本辦事處主任蓋章後發還商人

三　商人依照前項手續在辦事處報驗黃色出口報單以前應塡具總處備印之空白免稅運照申請書甲乙兩聯先將甲聯交由總處發照股查核以憑塡給免稅運照商人於領到免稅運照後再將申請書乙聯及運照通知監運聯並繳本辦事處存查

四　每日下午四時總處將免稅運照日記簿送交本辦事處由出口收單員摘錄登記蓋章送還

五　商人將菸件裝船後應將船公司負責人員簽字之提單副本送繳辦事處由出口收單員核收後應由收單員首先驗明船公司簽字是否符合再與出口黃色報單抄本比對貨量是否相符然後向免稅運照表查發照日期及牌名箱數等等如遇有簽字或貨量不符等情應即列單由本辦事處呈報總處核辦

六　每日下午四時本辦事處將核銷提單副本日記簿送交總處發照股摘錄登記蓋章送還

七　出口收單員應隨時查看免稅運照表如遇有菸公司領照已逾三日尚未繳驗提單副本者應即陳明填發通知函催令尅日繳驗

八　如菸公司逾通知函所定限期仍不繳驗提單副本者應由出口收單員開單轉報總處核辦

九　出口收單員每星期一將上星期核銷清結之提單副本彙齊由本辦事處主任蓋章後用回單簿送交總處發照股

第七條　舶來品捲菸復出口退稅手續

一　凡舶來品捲菸已完統稅而欲轉運至未施行統稅區域者經函報核明後得予退還原稅

二　凡欲將舶來品捲菸轉運至未施行統稅區域者應先填具黃色出口報單應在黃色報單上加註「請求退稅」字樣於報關時與海關出口報單一同呈交關員驗明由關員在黃色報單簽字為證

三　菸商將關員簽字之黃色出口報單送交本辦事處出口收單員核明抄存後即由本辦事處將黃色出口報單轉送總處發照股一面先由商人填具總處備印

之申請書甲聯向總處發照股領取免稅運照同時卽由商人將申請書乙聯及運照通知監運聯呈繳本辦事處由出口收單員收存備查

四　商人將菸件裝船後應將船公司負責人員簽字之提單副本呈繳本辦事處備查

五　出口收單員核收提單副本後應將簽字貨量等等詳細核對然後連同黃色出口報單一併送交進口收單員查明進口日期在報單及提單副本上注明簽字

六　商人將菸件運到目的地後應請求捲菸局卡在運照隨菸運輸聯上蓋印證明商人持此蓋印之隨菸運輸聯並具正式請領應退之欵之公函連同原完統稅收據一併送交本辦事處由出口收單員核收

七　出口收單員收到上項函件後應卽與以前繳呈之加註請求退稅黃色報單之抄本核對無誤陳明主任在原統稅收據上批註蓋章卽由本辦事處派員協同商人持單向總處保管股領取應退之稅銀

第八條　菸件自未施行統稅區域復進口手續

一　凡菸件或因霉壞或因滯銷自未施行統稅區域退回原廠應申請江蘇捲菸統

稅局發給准運單同時並填黃色報單於報關時一併交關員驗明簽字

二　商人將黃色報單連同准運單一併送交本辦事處收單員核明由收單員在正稅餉單上加蓋免稅戳記

三　收單員將准運單附聯截存彙訂以備查考

丙考勤

第九條　本辦事處每日辦公時間午前九時至十二時午後自二時至五時

第十條　本辦事處除星期日及國慶等例假外凡遇海關休息日期均停止辦公

第十一條　本辦事處設置考勤簿各職員到處辦公須親自簽名不得托人代簽其因故逾規定時間到處及先行散値者應向主任聲明理由

第十二條　本辦事處職員非有疾病及不得已事故不得請假

丁附則

第十三條　本細則如有未盡事宜得隨時呈請修改

(三)捲菸統稅處駐郵辦事員規則

一　辦事員承本處之命派駐上海郵局查驗外國進口輪船郵寄包裹內之舶來品捲菸

及由上海寄往各省捲菸曾否繳納統稅貼足印花

一　辦事員每日到郵局辦事時間應依照郵局包裹處職員同一鐘點

一　辦事員查驗外國進口輪船郵寄包裹內之舶來品捲菸統稅其手續卽照海關監督署征收附稅處查收郵包稅同一辦法凡遇外輪進口郵寄包裹如有捲菸或雪茄菸在內應卽責令領取該包裹人依照本處稅率照完統稅其未經遵完統稅實貼印花之前郵局包裹處不得遽將包裹給領

一　辦事員查驗前項捲菸統稅應先查明捲菸種類品名按照本處稅率責令至本處保管股如數購買印花呈送郵局包裹處驗明領出包裹卽於包面按數實貼并送辦事員驗明印花與菸數相符加蓋年月日驗訖戳記放行隨時列表按日呈報

一　辦事員查驗前項統稅如遇包裹內捲菸或雪茄菸係新出品爲本處稅率表所未規定者查明市價呈報本處核辦

一　辦事員對於寄往各省菸件無論統稅免稅均着寄菸者先將本處所發之郵包運照送由辦事員驗明於包面加蓋驗訖戳記交運未經加蓋驗訖戳記之零包菸件應通知郵局扣留並呈報本處照章罰辦惟中途轉遞之件尚未寄到包面到達地點者應

通知到達地點查驗人員扣留罰辦不得中途拆驗以符定例

一　辦事員對於郵局包裹處一切規則均須查照辦理

一　辦事員在辦公時間不得擅離如有重要事務亦須先行請假呈候核准派代再行交替

一　本規則如有未盡事宜由本處隨時修改令飭遵照

（四）駐廠辦事員辦事規則

第一條　徵收國內製造捲菸統稅遵照財政部徵收捲菸統稅條例第四條之規定由所在地捲菸稅機關派員駐廠專任監貼印花並監查出產事宜

第二條　駐廠辦事員人數就各廠事務之繁簡定之

第三條　出廠捲菸廠商須先依式塡具申請書分送捲菸稅征收機關及駐廠辦事員聽候核發印花

第四條　菸廠捲菸粘貼印花時由駐廠辦事員監同粘貼並予查驗明確就箱面印花及驗單蓋驗訖圖記

第五條　菸廠每日製銷捲菸須依式塡具製銷捲菸日報表分送捲菸稅征收機關及駐

廠辦事員以憑查核

第六條　駐廠辦事員對於下列事項應隨時報告

一發現僞造印花及舊印花重用者

一新出紙菸牌號價目

一關於公司營業運銷情形與捲菸有重要關係者

第七條　駐廠辦事員須常川駐廠不得擅離如有要事請假須先行呈報核准以便派員代理

第八條　駐廠辦事員如遇該管科人員或視察員到廠查察時須將情形詳細報告

第九條　菸廠如有將未經粘貼印花之捲菸或雖粘貼印花而未足額者一經查出除從重處罰外並將其捲菸充公

第十條　粘貼印花暫定在裝載最大之箱笈外面粘貼之

第十一條　駐廠辦事員如有收受陋規串同舞弊情事按律懲處

第十二條　以上各項如有未盡事宜得隨時修訂之

（五）駐廠辦事員辦事細則

第一條　本局依照財政部徵收捲菸統稅條例第四條之規定設置駐廠辦事員監視各菸廠粘貼印花並考查其製造捲菸事宜

第二條　駐廠辦事員之名額依菸廠之多寡事務之繁簡定之製菸較多之廠並開晚工者設駐廠辦事員三人至四人製菸較少之廠設駐廠辦事員一人至二人但因兩廠鄰近便於管理起見得令辦事員一人兼駐兩廠以上

第三條　駐廠辦事員薪額之等級另定之

第四條　菸廠所出菸件運銷施行統稅區域者駐廠辦事員憑捲菸統稅處核發通知監運聯監同菸廠依照原報等級實裝枝數就箱面粘貼印花並就印花四週騎縫加蓋起運日期戳記其監運聯應隨同日報表繳銷

第五條　運銷非統稅區域者憑捲菸統稅處核發通知監運聯粘貼查驗單並加蓋起運日期戳記並將監運聯連同查驗單號碼隨時報局

第六條　各菸廠運銷外埠菸件經過霉變運回原廠時駐廠辦事員依照霉菸退稅暫行規則各條會同本局委員驗收拆毀

第七條　各菸廠運銷外埠菸件因滯銷或其他情形退回原廠改運他埠者駐廠辦事員依照各菸廠收退菸件暫行各辦法規定各條辦理

第八條　本局規定之菸廠製銷表菸葉用存表由駐廠辦事員逐日塡造三份經菸廠蓋章交由本總局彙收分送處局及管理員長查核其他各項單表並應按時依式照規定份數塡造

第九條　駐廠辦事員對於下列事項應隨時報告本局及區管理員

一發現僞造印花舊花重用及蓋假戳等事項

二新出菸品之牌名價格

三關於菸廠營業運銷情形與稅收有重大關係者

四關於菸廠開工停工之日期時間

第十條　駐廠辦事員應常川駐廠不得擅離遇菸廠停工時亦應隨時監視防範私運遇事必須請假者應先報由該區管理員派員代理方得離廠

第十一條　駐廠辦事員每月輪流休息二日由管理員派員往代其日期由管理員統籌支配

第十二條　部派視察員稽核員本局臨時指派委員管理員長及該區管理員到廠查察時駐廠辦事員應將情形詳細報告並聽候指揮同時報告本局備查

第十三條　舊菸箱退回原駐廠辦事員應責成菸廠將舊花剷除淨盡方許入廠

第十四條　駐廠辦事員任事勤奮著有成績或陳述意見密報情形因而有益稅收者由管理員及管理員長考核呈經本局復核給予下列之獎勵

一升用

二存記升用

三進級

四給予獎勵

第十五條　駐廠辦事員放棄職務者由管理員及管理員長考核呈經本局復核依情節之輕重處以左列之懲戒

一撤職

(R. T. T.)

黃色進口報單式

正稅餉單 字第 號
Customs Duty Memo No.________________

進口
IMPORT.

No.________

中華民國 年 月 日
________________192

此呈
To the

國民政府財政部捲菸統稅處
Director General of Rolled Tobacco Tax Administration
MINISTRY OF FINANCE, NATIONALIST GOVERNMENT.

船名
Vessel________________________ 由
From________________________

呈請人
Applicant________________________ 價單號數
Invoice No.____________ 提單號數
B. L. No.____________

Sir,

請發捲烟統稅完稅單
Please grant Permit to Land, for which Consolidated Consolidated Tax Memo is required,

嘜頭 Marks	品名 Description of Goods	箱數 Cases	每原箱枝數 Amount of contents in each case	( )箱總共枝數 Total amount of contents in ( ) case	每千枝價值 Value of each Thausand	總共價值 Total Value of ( ) case	等級 Grade	稅率 Tax of each thausand	關稅 Duty	稅額 Tax
					H.K.Tls.	H.K.Tls.		$	H.K.Tls.	$

呈請人
Applicant________________________

驗單員
Examined By________________________

二降等

三罰薪

其串同廠商舞弊或收受陋規者依法懲辦

第十六條　本規則呈經

捲菸統稅處核准後施行

第十七條　本規則如有未盡事宜得隨時呈准修訂

（六）黃色進口報單式（見插表）

（七）徵收稅款單式

財政部捲菸統稅處徵收現金稅款存根

正稅餉單

年　月　日

製別	印花等級	枚數	金額	菸商
		合計		

捲菸牌名	製別	等級	以一千枝計算		原箱枝數	全部數量		
			估定價格	稅率		箱數	枝數	稅額
							總共稅額	

財政部捲菸統稅處
發給印花通知單　年　月　日

製別	印花等級	枚數	金額
		合計	

此項稅款業由　　　菸商如數
完納茲發給上列印花仰即派員隨往
監貼為要此致　駐江海關捲菸辦事處查照
財政部捲菸統稅處保管股主任

財政部捲菸統稅處征收現金稅款報單　正稅餉單　字第　號

捲菸牌名	製別	等級	以一千枝計算		原箱枝數	全部數量		
			估定價格	稅率		箱數	枝數	稅額
							總共稅額	

此單由駐江海關辦事處填給　　　菸公司持單前赴捲菸統稅處保管股完納上項稅額後即將此
聯繳處備查
中華民國　年　月　日　財政部捲菸統稅處駐江海關辦事處主任

菸商請領印花書　年　月　日

製別	印花等級	枚數	金額
		合計	

上項金額業經繳訖懇請發給印花並派員
同往查驗監貼為荷此致
財政部捲菸統稅處駐關辦事處
菸公司

財政部捲菸統稅政現金稅款收據　正稅餉單　字第　號

捲菸牌名	製別	等級	以一千枝計算		原箱枝數	全部數量		
						箱數	枝數	稅額
							總共稅額	

此單由納稅人　　收執
中華民國　年　月　日　財政部捲菸統稅處保管股主任

（七）征收稅款單式

統　　號

（第一聯）

財政部捲菸統稅處

捲菸運照

通知監運聯

統字第　　號

今據　　轉運公司　　菸公司報請將後開已遵例貼足統稅印花之捲菸經　　船/車裝由　　地方　　碼頭起運至　　地方銷售限　　日運到等情經予核准合行通知該員仰即查照核驗並將菸箱實貼印花號碼分聯慎重填註明確監視立即起運暨將運菸時間監運人簽章負責兩格據實加填繳呈查核此給

駐　　辦事員

牌名	箱數	箱貯枝數	箱面印花號碼	經貼統稅印花			運達地點	運菸時間	監運人簽章負責
				種類	等級	張數			
								年月日午時	

中華民國　　年　　月　　日填發機關蓋章

統　　號

（第二聯）

財政部捲菸統稅處

捲菸運照

隨菸運輸聯

統字第　　號

今據　　轉運公司　　菸公司報請將後開已遵條例貼足統稅印花之捲菸經　　船/車裝運由　　地方　　碼頭起運至　　地方銷售限　　日運到等情經予核准合填給此照隨菸運輸以便沿途關卡及機關查驗放行運到運達地點後送請所在捲菸稅機關驗明蓋戳發還該公司繳回原填發機關核銷須至運照者

牌名	箱數	箱貯枝數	箱面印花號碼	經貼統稅印花			運達地點
				種類	等級	張數	

中華民國　　年　　月　　日填發機關蓋章

統　　號

（第三聯）

財政部捲菸統稅處

捲菸運照

通知運達聯

統字第　　號

今據　　轉運公司　　菸公司報請將後開已遵條例貼足統稅印花之捲菸經　　船/車裝運由　　地方　　碼頭起運至　　地方銷售限　　日運到等情經予核准除填給運照隨菸輸運外特此通知此致

牌名	箱數	箱貯枝數	箱面印花號碼	經貼統稅印花			運達地點
				種類	等級	張數	

中華民國　　年　　月　　日填發機關蓋章

（九）分運照式

捲菸統稅局 查驗所
捲菸分運照
存查聯

茲據　　商店報稱由　　地方　　菸廠公司採運　　牌捲菸到達　　地方現擬分運　　地方銷售經驗明實貼統稅印花數目相符除填發分運照外留此存查

計開

原運照號數	原貼印花種類	原貼印花等級	原貼印花枚數	牌名	原裝枝數	原運到箱數	現分運箱數	分運地點

查驗所所長

中華民國　　年　　月　　日發

字第　　號

捲菸統稅局 查驗所
捲菸分運照
繳驗聯

茲據　　商店報稱由　　地方　　菸廠公司採運　　牌捲菸到達　　地方現擬分運　　地方銷售經驗明實貼統稅印花數目相符除給照准其分運外特將本聯掣繳　　捲菸統稅局備核

計開

原運照號數	原貼印花種類	原貼印花等級	原貼印花枚數	牌名	原裝枝數	原運到箱數	現分運箱數	分運地點

查驗所所長

中華民國　　年　　月　　日發

字第　　號

捲菸統稅局 查驗所
捲菸分運照
隨運輸聯

茲據　　商店報稱由　　地方　　菸廠公司採運　　牌捲菸到達　　地方現擬分運　　地方銷售經驗明實貼統稅印花相符應准分運除存根外特給此照

計開

原運照號數	原貼印花種類	原貼印花等級	原貼印花枚數	牌名	原裝枝數	原運到箱數	現分運箱數	分運地點

查驗所所長

中華民國　　年　　月　　日發

（注意）此項分運照概不收費如發照員有勒索規費情事准菸商告發再此單如有遺失由該商完全負責

(十一)菸廠捲菸製銷日報表式

菸廠捲菸製銷日報表

第　　號第　　張　　　　　　　　年　　月　　日

牌名	昨日結存									本日新製									本日運銷 銷統稅區									本日運銷 銷免稅區									本日結存									附記
	千	百	十	箱	萬	千	百	十	枝	千	百	十	箱	萬	千	百	十	枝	千	百	十	箱	萬	千	百	十	枝	千	百	十	箱	萬	千	百	十	枝	千	百	十	箱	萬	千	百	十	枝	
合計																																														

說明
1 本表一律須用亞拉伯字塡寫清楚不得草率每箱枝數以五萬枝爲標準
2 本表每日由駐廠員塡具二份一送總局一送該管區備核如本日無製銷菸件可改塡藍色通知單此表即毋庸塡送
3 退回菸件應加入本日新製項內改運出廠時加入本日運銷項內惟須在附記欄內註明退回及改運數目
4 本表塡就後應交由菸廠核對蓋章

駐廠委員

(十二)雪茄菸廠出倉菸枝及貼用印花日報表式

雪茄菸廠出倉菸枝及貼用印花日報表

第　　號第　　張　　　　　　　　年　　月　　日

牌名	價值等級	出倉雪茄枝數	實貼印花枚數			運達地點	附記
			二十五枝用	五十枝用	一百枝用		

印花統計	等級		一等	二等	三等	四等	五等	六等
	二十五枝用	每枝稅額	.731250	.316875	.182825	.091400	.048750	.039575
		枚數						
	五十枝用	每枝稅額	1.462500	.633750	.365650	.182800	.097500	
		枚數						
	一百枝用	每枝稅額						.146300
		枚數						

駐　　　　　　雪茄菸廠辦事員

注意　本表須一律用亞拉伯數字填寫清楚不得錯誤

(十三)菸廠菸葉用存報告表式

公司　廠菸葉用存報告表　自　月　日至　月　日第　號

菸葉名稱	舊存				新購				消用				實存			
	觔	數	磅	數	觔	數	磅	數	觔	數	磅	數	觔	數	磅	數
合計																
附記																

公司　部　蓋章呈

（十四）點驗菸廠實存菸件對照表式

點驗　　菸廠實存菸件對照表

第　　張　　　　　　　　　　　　年　　月　　日

牌名	點驗數目									點驗前交菸數目									除交實存數目									製銷表結餘									對照																		附記
																																					實存溢出數目									實存短少數目									
	千	百	十	箱	萬	千	百	十	枝	千	百	十	箱	萬	千	百	十	枝	千	百	十	箱	萬	千	百	十	枝	千	百	十	箱	萬	千	百	十	枝	千	百	十	箱	萬	千	百	十	枝	千	百	十	箱	萬	千	百	十	枝	
計合																																																							

（說明）
1. 點驗員到廠點驗時須先檢閱錫包間賬據截至點驗前爲止交菸數目然後開始點驗所得數目除去交菸數目卽爲除交實存數目再與製銷表數目對照如有不符無論溢出短少均據實報告本局核辦
2. 點驗時廠方須派負責人員會同點驗不得輕慢視爲具文

點驗員＿＿＿＿＿蓋章　　駐廠委員＿＿＿＿＿蓋章　　＿＿＿＿＿菸廠　　蓋章

（八）統稅運照式（見插表）

（九）分運照式（見插表）

（十）船來捲/雪茄菸進口申請書式

爲出具申請書事現由　　國　　地方　　菸廠運到　　枝

裝　　牌船來品捲/雪茄菸　　種每捲/雪茄五萬枝售洋　　元應完　　等統稅茲特

檢同捲/雪茄菸牌樣兩紙備函送請

鈞處鑒核准予登記謹上

財政部捲菸統稅處　　　　　啓　　月　　日

附呈捲/雪茄菸牌樣兩紙　　　　申請人　　（簽名處章）

（注意）如係同時由國外輸入之捲菸或因種數過多申請書內不及詳塡者卽應另塡詳表一紙與申請書併送

（十一）菸廠捲菸製銷日報表式（見插表）

（十二）雪茄菸廠出倉菸枝及貼用印花日報表式（見插表）

（十三）菸廠菸葉用存報告表式（見插表）

（十四）點驗菸廠實存菸廠對照表式（見插表）

第二節　江蘇省查驗所之設置及上海分區管理之計畫

省局之組織及其變更已於第三章第四節述其大略當時開辦統稅範圍僅江蘇浙江安徽福建江西五省而江蘇省以上海爲通商總匯位置重要由捲菸統稅處開始組織設置較詳迨一再改組其中量予裁併扼要添設漸臻完備計設置特等查驗所一曰上海一等查驗所三曰南京曰鎭江曰蘇州二等查驗所二曰南通曰海州三等查驗所二曰清江曰徐州查驗分所計十有八曰北市曰南市曰浦東曰吳淞曰曹家渡曰虹口曰曹漕塘以上七分所屬上海曰浦口屬南京曰常州曰丹陽曰車站曰江口以上四分所屬鎭江曰大浦曰青口曰夏口以上三分所屬海州曰啓東曰如皋曰海門以上三分所屬南通又高郵臨城分設辦事處屬清江此其大略也論上海查驗事務之繁甲於全國實有特殊情形故列上海查驗所爲特等又以水道四通八達特置電船兩艘各設管理稽查水陸並籌庶期周密至菸廠分捲菸雪茄菸兩種而以捲菸居大多數廠址分設於華界租界而以租界居大多數菸件有存於廠者有堆於棧者於廠則派駐廠員於棧則派駐棧員手續與駐廠員略同惟是區域遼闊職員衆多若不詳定管理之法則責任不專一卽辦事無程序用將上海

各菸廠劃分八區以區爲綱以菸廠爲目每廠派駐廠員一員或二員每區派區管理員一員得設區助理員及區辦事員員額暫不規定視各區事務之繁簡爲支配之標準並設管理長一員以管理之其分區曰第一區法租界屬焉曰第二區法租界北區屬焉曰第三區公共租界西區屬焉曰第四區公共租界北區及華界屬焉曰第五區公共租界東區之北部屬焉曰第六區公共租界東區之中部屬焉曰第七區公共租界東區之南部屬焉曰第八區公共租界之東區沿碼頭及浦東屬焉其浙江安徽福建江西四省並無製造菸廠（皖省土製捲烟另詳）政務較簡獨注重於查驗特將查驗所等級名稱地點援照江蘇省製成一覽表分省編製附著於此章爲裁併或擴充之標準焉

（一）江蘇捲菸統稅查驗所分所一覽表

名稱	等級	組織	地址	改組成立日期
上海查驗所	特等	所長一員　股主任二員　一等股員四員　二等股員八員　督察員二員　一等稽查二十員　雇員八人　公役六名　電船兩艘	閘北華興路北順徵里	十八年四月一日
北市查驗分所		分所長一員　雇員六人　二等稽查四員　三等稽查十六員　公役四名	仝上附設上海查驗所內	仝上

南市查驗分所		仝上	南市蓬萊路	仝上
浦東查驗分所		分所長一員　雇員一人　三等稽查八員　公役一名	浦東爛泥渡北首	仝上
吳淞查驗分所		分所長一員　雇員一人　三等稽查七員　公役一名	吳淞外馬路	仝上
曹家渡查驗分所		仝上	曹家渡北河	仝上
虹口查驗分所		分所長一員　雇員一人　三等稽查六員　公役一名	虹口長壽路眞然坊	仝上
曹漕塘查驗分所		仝上	徐家匯四三弄	仝上
南京查驗所	一等	所長一員　股主任二員　股員四員　雇員二人　一等稽查二員　二等稽查六員　公役四名	興中門大街二十九號	仝上
浦口查驗分所		分所長一員　二等稽查三員　公役一名	浦口大馬路	仝上
鎮江查驗所	一等	所長一員　股主任二員　股員二員　雇員二人　一等稽查一員　二等稽查四員　公役三名　巡船一艘	鎮江大馬路	仝上
常州查驗分所		分所長一員　二等稽查一員　公役一名	常州千秋坊	仝上
丹陽查驗分所		仝上	丹陽白雲街	仝上
鎮江江口查驗分所		不設分所長　一等稽查一員　二等稽查一員　公役一名	江邊	仝上
鎮江車站查驗分所		仝上	大火車站	仝上

蘇州查驗所	一等	所長一員　股主任二員　股員二員　雇員一人　一等稽查一員　二等稽查四員	閶門外橫馬路南陽里一號	仝上
無錫查驗分所		分所長一員　二等稽查一員　公役一名　巡船一艘	無錫城外	
太嘉查驗分所		仝上	太倉	
吳江查驗分所		仝上	吳江	
常熟查驗分所		仝上	常熟	
南通查驗所	二等	所長一員　股主任一員　股員二員　一等稽查二員　二等稽查三員　雇員一人　公役二名	南通城內桃塢路	十八年四月一日
如皋查驗分所		不設所長　稽查主任一員　二等稽查一員　公役一名		
啓東查驗分所		仝上		
海門查驗分所		仝上		
海州查驗所	二等	所長一員　股主任一員　股員二員　雇員一人　一等稽查二員　二等稽查三員　公役二名	新浦後街四百七十二號	
大浦查驗分所		稽查主任一員　二等稽查一員　公役一名	海州大浦	
靑口查驗分所		仝上	海州靑口	
夏口查驗分所		仝上	海州夏口	

清江查驗所	三等	所長一員　雇員一員　稽查員二員　公役二名	淮陰縣東門外越閘西首	十八年五月一日
高郵辦事處		稽查一員　公役一名	高郵城內	
鹽城辦事處		仝上	鹽城西門外	十八年五月一日
徐州查驗所	三等	所長一員　雇員一人　公役一名	徐州東門外青年會巷內	十八年四月四日

(二)浙江捲菸統稅局查驗所暨查驗分所一覽表

名稱	組織	地址	改組成立日期
第一區查驗所	所長一員　調查員一員　總務稅務員各一員　一等查驗四員　二等查驗二員　雇員二員　公役二名	杭州	十八年二月
硤石查驗分所	一等查驗員一員　二等查驗員一員	海甯縣硤石鎮	仝上
登雲橋查驗分所	一等查驗員一員　二等查驗員一員	拱埠登雲橋	仝上
南星橋查驗分所	一等查驗員一員	江干南星橋	仝上
長安查驗分所	一等查驗員一員	杭縣長安鎮	仝上
塘棲查驗分所	一等查驗員一員	杭縣塘棲鎮	仝上
第二區查驗所	所長一員　調查員一員　總務員稅務員各一員　二等查驗員二員　雇員二員　公役二名	嘉興	仝上

平湖查驗分所	一等查驗員一員 二等查驗員一員	平湖縣	同上
嘉善查驗分所	一等查驗員一員	嘉善縣	同上
湖州查驗分所	一等查驗員一員 二等查驗員一員	湖州府城	同上
南潯查驗分所	一等查驗員一員	南潯鎮	同上
西塘查驗分所	一等查驗員一員	嘉善西塘鎮	同上
海鹽查驗分所	一等查驗員一員	海鹽縣	同上
烏鎮查驗分所	一等查驗員一員	烏鎮	同上
菱湖查驗分所	一等查驗員一員	菱湖鎮	同上
第三區查驗所	所長一員 調查員二員 總務稅務員各一員 辦事員二員 一等二等查驗員各二員 駐廠員五員 雇員三員 公役三名	甯波	同上
鎮海查驗分所	一等查驗員一員	鎮海縣	同上
定海查驗分所	仝上	定海縣	同上
石浦查驗分所	仝上	設甯屬石浦鎮	同上
紹興查驗分所	仝上	舊紹興府城	同上
臨浦查驗分所	仝上	蕭山臨浦鎮	同上

慈谿查驗分所	仝上	慈谿縣	仝上
沈家門查驗分所	仝上	沈家門鎮	仝上
餘姚查驗分所	仝上	餘姚縣	仝上
岱山查驗分所	仝上	餘姚岱山鎮	仝上
三北查驗分所	仝上	慈谿三北鎮	仝上
柴橋查驗分所	仝上	臨海柴橋鎮	仝上
百官查驗分所	仝上	紹屬百官鎮	仝上
嵊縣查驗分所	仝上	嵊縣	仝上
第四區查驗所	所長一員　二等查驗員二員　調查員一員 總務稅務員各一員　僱員二員　公役二名	蘭谿	仝上
桐廬查驗分所	一等查驗員一員	桐廬縣	仝上
衢縣查驗分所	仝上	衢縣	仝上
溢口查驗分所	仝上	淳安縣溢口鎮	仝上
第五區查驗所	所長一員　二等查驗員二員　調查員一員 總務稅務員各一員　僱員二員　公役二名	溫州	仝上
海門查驗分所	一等查驗員一員　二等查驗員一員	台州海門鎮	仝上

鰲江查驗分所	仝上	平陽縣鰲江	同上
瑞安查驗分所	一等查驗員一員	溫屬瑞安縣	同上
楚門查驗分所	仝上	玉環縣楚門鎮	同上
臨海查驗分所	仝上	台屬臨海縣	同上
黃巖查驗分所	仝上	台屬黃巖縣	同上

(三)安徽捲菸統稅查驗所分所一覽表

名稱	組織	地址	改組成立日期
蕪湖查驗所	所長一員 股主任二員 股員二員 僱員三人 稽查六員公役在辦公費內開支以下仿此	蕪湖市	十八年五月一日
裕溪查驗分所	分所長一員 稽查一員 僱員一人	雍家鎮	仝上
當塗查驗分所	同上	縣城	仝上
蚌埠查驗所	所長一員 股主任二員 股員二員 僱員二人 稽查四員	蚌埠市	仝上
盱眙查驗分所	分所長一員 稽查二員 僱員一人	明光	仝上
宿州查驗分所	同上	縣城	仝上

安慶查驗所	所長一員　股員一員　僱員二人　稽查員三員	安徽省城內	仝上
宿松查驗分所	分所長一員　稽查一員　僱員一人	宿松縣城	仝上
大通查驗所	所長一員　股員一員　僱員一人　稽查三員	大通市	仝上
街口查驗所	所長一員　股員一員　僱員一人　稽查二員	街口市	仝上

(四)福建捲菸統稅查驗所一覽表

名稱	組織	地址	改組成立日期
廈門查驗所	所長一員　稽查三員　僱員一人　查驗一名　公役四名	廈門	十八年二月廿一日
台江查驗所	所長一員　稽查二員　僱員一人　查驗一名　公役二名	台江	同上
馬江查驗所	所長一員　稽查二員　僱員一人　查驗一名　公役二名	馬江	同上
竹岐查驗所	所長一員　稽查一員　僱員一人　公役二名	竹岐	同上
延平查驗所	所長一員　稽查一員　僱員一人　公役二名	延平	同上
平潭查驗所	所長一員　稽查一員　僱員一人　公役二名	平潭	同上
涵江查驗所	所長一員　稽查一員　僱員一人　公役二名	涵江	同上

泉州查驗所	所長一員 稽查一員 僱員一人 公役二名	泉州	同上
石碼查驗所	所長一員 稽查一員 僱員一人 公役二名	石碼	同上
東山查驗所	所長一員 稽查一員 僱員一人 公役二名	東山	同上
詔安查驗所	所長一員 稽查一員 僱員一人 公役二名	詔安	同上
三都查驗所	所長一員 稽查一員 僱員一人 公役二名	三都	同上
沙堤查驗所	所長一員 稽查一員 僱員一人 公役二名	沙堤	同上
東冲查驗所	所長一員 稽查一員 僱員一人 公役二名	東冲	同上

(五)江西捲菸統稅查驗所一覽表

名稱	組織	地址	成立日期
湖口查驗所	所長一員 巡查一員 僱員一員 公役一名	湖口	十六年三月
萍鄉查驗所	同上	萍鄉	十七年十二月

（說明）查湖口地方係由長江入贛要口自捲菸統稅開辦時設立分局現改今名萍鄉係湘東入贛門戶該處曾設分局旋卽裁撤嗣因查驗扼要復於十七年十二月間成立頃又裁撤移設南昌

（六）上海各區菸廠管理員辦事規則

第一條　本局管理員長各區管理員各區助理員之辦事依本規則之規定

第二條　本局依呈准辦法設置左列各員

管理員長一員

各區管理員八員

各區助理員若干員

第三條　本局將上海各菸廠劃分爲八區如左

第一區　法租界南區

第二區　法租界北區

第三區　公共租界西區

第四區　公共租界北區及華界

第五區　公共租界東區北部

第六區　公共租界東區中部

第七區　公共租界東區南部

第八區　公共租界東區沿碼頭及浦東

第四條　管理員長承

捲菸統稅處處長暨本局局長之命監督各區管理員助理員辦理左列事務

一　責成各區管理員督同駐廠辦事員依時核實塡送各項表册由管理員長詳加考核並承轉之

二　防範上海各菸廠之白菸出廠

三　考核各區管理員助理員之勤惰

四　考核各菸廠駐廠辦事員之成績

五　執行本局臨時委任查驗稽察事項

六　關於各區管理員助理員之臨時請假派代事項

第五條　各區管理員承

捲菸統稅處處長本局局長及管理員長之命辦理左列事務

一　本區內各菸廠製銷菸件數目責成駐廠辦事員逐日塡送菸廠製銷表三份經菸廠蓋章連同其他表册由管理員考核分送

二　防範本區内各菸廠之白菸出廠
三　常川巡視本區内各菸廠憑駐廠辦事員辦事考勤簿考核其勤隋
四　執行本局臨時委任各該區内查驗稽察事項
五　關於各該區内駐廠辦事員之臨時請假派代事項但在五天以上者應呈請本局核辦
六　管理員認各廠所報事項情有可疑者得調閲各該廠之簿據及女工包菸數目或以其他細密方法查核之其查核結果隨時報告本局處分之
七　代各駐廠辦事員請領免稅查驗單及其他單册並負責將存根繳回

第六條　各區助理員協助各該區管理員辦理前條事項

第七條　各菸廠駐廠辦事員辦事勤奮成績優良者得由各該區管理員呈請本局奬勵其放棄職務或營私舞弊者亦得由各該區管理員報請撤换

第八條　隸屬甲區之菸廠公司而其菸件在乙區發生事故者應由甲區管理員會同乙區管理員調查滋驗仍由甲區管理員呈復但本局特別指定者不在此限

第九條　各區管理員助理員遇有疾病或其他事故不能執行職務時應報明管理員長

派員代理但在五日以上者應由管理員長轉報本局核辦

第十條　各區管理員應將每旬巡視情形辦理事項塡具旬報表報由管理員長彙轉本局查核其表式另定之

第十一條　各區管理員臨時奉捲菸統稅處命令有所指揮應立卽遵辦同時呈報本局備查

第十二條　部派視察員稽核員到各區各廠巡視時如有查詢及臨時處分管理員應據實答復並遵照辦理同時仍須呈報本局備查

第十三條　各區管理員對於徵稅及取締事項如有所見或較週密辦法得隨時擬具意見書呈局候核

第十四條　本規則呈經捲菸統稅處核准後施行

第十五條　本規則如有未盡事宜得隨時呈請修正之

（七）區管理員旬報表式

第　區管理員旬報表民國　年　月　旬第　張

廠別	菸廠製銷枝數 舊存	菸廠製銷枝數 新製	菸廠製銷枝數 銷出 免稅	菸廠製銷枝數 銷出 統稅 外埠	菸廠製銷枝數 銷出 統稅 本埠	菸廠製銷枝數 實存	霉菸事項	退菸改運事項	巡視情形
備考									

第三節　查緝與漏稅處罰之規定

漏稅爲查緝之主因處罰爲漏稅之懲戒漏稅不絕則查緝必嚴查緝愈嚴則趨避益巧而處罰自益重於是不法菸商始則避稅繼且避罰互相爲因亦互相爲果也以統稅原則論係就關就廠征稅通行全國不問所之苟扼其要防範易周偸漏亦至不易其在菸件未出廠以前責在駐廠員旣出廠以後責在查驗所其進口出口以及寄遞之菸件則責在駐關駐郵之辦事員責任旣明管理至簡無如統稅尙未普及全國租界又礙行使職權菸件運銷區域旣有統稅免稅之分霉菸以及改運復有退稅之條滯銷者退回改運者給照進出重叠手續繁多新舊雜糅混淆最易在正當菸商原未必從而生心而嗜利較重心計稍工者見有機之可乘遂無弊而不舞政府爲保稅懲奸起見特於處罰章程之第三章列舉而警告之又慮處罰之失當也又於江蘇局設會而審查之是於嚴厲之中仍寓恤商之意其駐關駐郵駐廠查驗辦法已詳載本章第一節茲再續錄查驗所查驗章程及漏稅處罰章程及江蘇省局處罰審查會暫行規則於次

(一)財政部捲菸統稅查驗所查驗章程

第一條　凡曾經貼花驗訖出廠之整箱菸件於運送中經過查驗機關時應報由該機關

查驗如果花貨相符卽於菸箱所貼印花上加蓋機關年月日期驗訖戳記立卽放行不得稍有留難以及勒收查驗蓋戳手續等費如果所驗菸件查有漏稅情弊應卽扣留呈請罰辦

第二條　貼足印花菸件運至到達地之商店後因轉批零售須再經過查驗機關時應憑該運菸人所持之轉批商店發貨票據先行登簿驗放一面由該機關派員抽查商店簿據以資證明如果商店轉批零售數目及其牌號有不符時均得扣留呈請罰辦但各省局所轄查驗所如因地方情形呈准菸件須整箱通過或零售須拆箱蓋戳者應依各特定辦法辦理

第三條　凡已貼印花及驗訖之整箱菸件運至到達地點後須將原批轉運其他口岸者應由該菸商據實聲明其轉運之貨品牌號及數目並運往地點由該處查驗機關於原運照上加蓋年月日轉運某處戳記派員監視起運並隨時登入簿册備查如該轉運地方之主管省局訂有單行辦法可資依據者並應照該辦法辦理

第四條　凡已貼足印花及已驗訖之整箱菸件運至到達地點後須分運其他口岸者應由該菸商據實聲明其分運之貨品牌號及數目並分運地點由該處查驗機關

發給分運照加蓋分運日期運往某處戳記監視起運並將原運照號碼塡入分運照內一面將原運照註銷連同分運照存根繳回主管局但關於分運有特定辦法者應依該特定辦法辦理

第五條　凡轉批零售之菸商對於批出或零售之菸件應發給蓋有正式圖章之發票爲憑違則究罰

第六條　各菸廠或委託代捲之菸公司運銷外埠菸件如有霉壞或滯銷情事須退回原廠者應遵照霉菸退稅規則及菸件收退改運規則辦理其規則另定之

第七條　凡查驗時如遇頑抗不服者商請縣政府及軍警協助辦理

第八條　查驗機關每日查驗經過菸件應依照表式按旬呈報主管局彙轉捲菸統稅處

第九條　查驗機關人員查獲私菸案件應依照表式按旬呈報主管局彙轉捲菸統稅處遇有重案立卽呈報核辦不得遺漏如有隱瞞匿報一經告發卽予撤懲

第十條　凡菸件充公變價之款以一半解庫其餘一半分作十成支配內分線人充賞四成出力緝獲者一成軍警協助者一成查驗所一成省局一成解部處二成其罰金則全數分作十成按照前法支配毋庸提半解庫如由各機關自行查獲非憑

線人舉報者其線人充賞四成卽併給出力緝獲之人以示鼓勵

第十一條 查驗機關所收罰金應依捲菸統稅處所發三聯單據按起塡明以一聯隨款繳驗一聯發交繳款人收執一聯留存備查如查有以多報少及大頭小尾等弊一經查實卽依法嚴懲

第十二條 查驗機關所收罰金應按旬塡具報告表連同繳驗及款項解由該管局核明分別扣存轉送捲菸統稅處核收如須抵解應支經費須先請領抵款通知連同抵解以備轉帳

第十三條 關於駐關駐郵駐廠查獲私菸充公變價以及罰金之收解支配方法均應照前三條辦理

第十四條 本章程所定表式聯單由捲菸統稅處及主管局分別規定核發

第十五條 各省捲菸統稅局關於查驗處罰事項於不抵觸本章程及捲菸漏稅處罰暫行章程各規定得斟酌地方情形自擬單行規則送由捲菸統稅處呈請財政部部長核准施行

第十六條 本章程如有未盡事宜得以財政部部令行之

第十七條 本章程如有應行修改之處得由捲菸統稅處隨時呈請財政部部長核准修改之

第十六條 本章程自公布日施行

(二)財政部捲菸漏稅處罰暫行章程

第一章 總則

第一條 本章程係遵照國民政府捲菸統稅條例第四條及第七條制定之

第二條 凡雪茄菸紙菸無論其爲舶來或在本國機器製造人工製造其漏稅處罰均依本章程辦理

第三條 前條漏稅處罰事項除本章程外他種法令有規定者均應遵照辦理

第二章 菸件製銷事項

第四條 各菸廠應將日間製菸鐘點規定報明駐廠員記載以便駐廠員依時監視每日製銷菸件數目應由駐廠員據實填表送經菸廠蓋章呈報主管機關按月彙轉捲菸統稅處前項製銷表之結餘數目經處局派員抽查如有不符或多少得察核情形以私製或漏稅論

第五條　各菸廠如因營業發達超過規定鐘點或於夜間加工製造菸件應報經主管人員許可臨時派員監視否則以私製論

第六條　各菸廠出廠菸件應以五千枝起算其不滿本條規定枝數者非有正當理由報請查驗完稅不得私運出廠銷售惟雪茄菸係逐盒貼花其枝數不在此限

第七條　菸廠自製菸件或代他菸公司捲製菸件均應按照同種牌名及額定枝數裝爲整箱報由駐廠員逐箱驗明始得加釘封固再於箱上切實粘貼印花惟雪茄菸於逐盒貼花後如裝入整箱運銷應於箱上加貼花貨查驗單

第八條　菸件裝箱釘封後運往統稅區域行銷者應依左列辦法

一本埠　菸廠或委託代捲之菸公司應依照牌名及稅率等級報由駐廠員監視在箱面貼足印花加蓋起運年月日時騎縫戳記並限定貼花後立即送往行銷地點不得逗留致涉舊箱重裝嫌疑

一外埠　菸廠或委託代捲之菸公司經塡具統稅運照申請書詳載牌名稅率申請主管機關核發捲菸統稅運照後除遵照前條報由駐廠員監視貼花蓋戳外並應提出統稅運照之隨菸運輸聯由駐廠員加章並在聯內塡入所貼印花

號碼數目始准起運出廠

第九條　菸件裝箱釘封後運往免稅區域行銷者應由菸廠或委託代捲之菸公司提出免稅運照之隨菸運輸聯報由駐廠員驗明加章塡具免稅查驗單號碼並在箱面粘貼免稅查驗單加蓋起運年月日騎縫戳記始准起運出廠

第十條　菸廠或委託代捲之菸公司其出廠運往外埠菸件如未領有運照報請監視貼花蓋戳及粘貼查驗單者以漏稅論

第十一條　各菸廠請領免稅運照運往未實行統稅各省之菸件如經定有限期者應卽依限運往並不得藉免稅運照暗圖私運統稅區域或中途拆卸混銷違則應分別情形以違限漏稅論

第十二條　各菸廠如有裝運甲等菸件而貼用乙等印花朦混取巧者以匿價漏稅論

各菸廠或委託代捲之菸公司或菸商對於粘貼印花應妥愼辦理如有中途脫落經查明係由粘貼不固者應由原粘貼人照數另購印花補貼以警懈怠

第十三條　各菸廠不得將已貼印花或蓋貼花戳之空箱翻裝重用希圖漏稅其空箱或箱板非將花戳洗刷淨盡不得入廠

第十四條　各菸廠菸商如於整箱菸件或零條白菸私蓋假戳希圖朦混漏稅者以僞造戳記並漏稅論

第十五條　各菸廠如因必要情形須設立發行所或其他營業機關者應先呈報主管機關核准轉處備案廠中所出菸件均須整箱貼足印花方得運往發行所或其他營業機關如有零條白菸發現時以夾帶私菸論

第十六條　各菸廠受託代捲他公司菸件如發現私運出廠情事代捲之菸廠應與委託之公司連帶負責

第十七條　各菸廠對於駐廠員執行職務時應妥爲接待不得違抗及侮慢至應行報告各種事項或填具各項表册亦須據實填報負責蓋章不得視同具文違則應照本章程第三十三條辦理

第十八條　各菸廠如有向公務人員私行賄賂偸運白菸情事查出除照章分別處罰外關於賄賂罪仍送法院訊辦

第三章　罰則

第十九條　凡菸廠或委託代捲之菸公司及菸商等有左列漏稅行爲之一者即將該項違

章菸件沒收充公並分別情節輕重按照菸價處該菸廠或菸公司三十倍以下之罰金其運菸商店則處以比照漏稅三倍以下之罰金

一不貼統稅印花出廠銷售者

二舊花重用者

三舊箱未經剷除花戳重裝出廠運銷者

四私運零星白菸在市銷售者

五白晝或夜間圳工私製暗運出廠銷售者

六貼用僞花或私用僞戳藉圖漏稅運銷者

七假冒他家商號牌名私製捲菸在市銷售希圖漏稅者

八私設營業所或他種機關蘊藏或私運白菸者

九翻套舊戳蠟紙朦混漏稅者

十菸廠實存數目與表列不符經證明確係偸漏者

十一貨照不符查係夾帶私菸或雜裝他種貨物及以他種貨物完稅之舊箱裝運菸件或以裝過捲菸空箱不將花戳洗凈復裝他種貨物希圖漏稅者

十二　其他報運免稅菸件查無到達地商店之正式收據或到達地征收捲菸稅款機關之憑證者

第二十條　凡菸廠或委託代捲之公司及菸商等有左列各種行爲之一者，卽將該項違章菸件沒收充公，並分別情節輕重，按照匿稅數目處該廠或菸公司十五倍以下之罰金。其運菸商店則處以比照匿稅三倍以下之罰金。

一　印花貼不足額者

二　售價以多報少，減低稅等者

第二一條　各菸廠或委託代捲之菸公司或菸商有左列行爲之一者，應分別情節處以五十元以上五百元以下之罰金。

一　將已貼舊花撕揭，豫備重用，查有憑證者

二　將舊有花戳之菸箱或箱板及蓋有驗戳之舊蠟紙包等重裝菸件，雖未出廠，但經查明重裝有據者

三　將舊有花戳之菸箱或箱板未經洗剗及蓋有驗戳之舊蠟紙包未經截毀，私自運入菸廠者

第二十二條　各菸廠或委託代捲之菸公司或菸商有左列情形之一者應分別情節處以十元以上二百元以下之罰金

一菸件運到目的地之營業所或商店後拆箱零售或分運他處不遵章報驗者

二免稅菸件於起運或轉口或到達後不遵照限期繳驗各種證據單照者

三照章應由商店填給發票而商店玩不遵行者

第二十三條　各菸廠或委託代捲之菸公司或菸商有左列行為之一者應將違章之菸件沒收充公

一晝間或夜間加工未經報由駐廠員監視而私製者

二私製菸件尚未在市銷售者

第二十四條　凡菸廠違犯本章程第十九條至二十三條之規定者除照各本條處罰外遇有臨時緊急並得酌量情形先行停止售花給照

第二十五條　旅行客商不以運售捲菸為業而因自用攜帶零星捲菸每次應以一千枝為限其在一千枝以上除整箱貼花者外如所購係零菸而未經查驗機關蓋有驗戳或未持有售菸商店之發票者其菸件應沒收充公

第二六條　凡沒收充公菸件得斟酌情形飭由該菸廠或委託代捲之菸公司或運售之菸商照原報售價繳款將菸領回

第二七條　處罰私菸案件於經過法定程序照章執行時如該菸廠或委託代捲之菸公司或經售捲菸之菸商延抗不遵者得停止售花發照或停止其營業並一面查明存貨扣押變價抵充罰金但有餘款仍發還

第二八條　凡委託代捲之菸公司因違章被處罰後歇業或避匿者應繳罰金由負責之代捲菸廠照數備繳

第二九條　凡菸廠或委託代捲之菸公司或菸商因違章被處罰後卽將菸號商標出盤或合併者其應繳罰金如原菸廠公司或菸商匿避不繳者應由受盤或承受合併者照數備繳但查非事前知情及無詭託朋串避免情弊者不在此限

第三十條　處罰原製菸廠之案如菸件係由該菸廠或菸公司自運未經其他商店者其應處運菸商店罰金卽責令該菸廠或菸公司照繳

第三一條　凡僞造並使用該僞造之印花或僞造之戳記及將曾經用過印花改造再貼除使用者照第十九條處罰外其僞造者應送法院訊辦

第三二條　凡違犯本章程兩條以上情事者各依本條合併處罰

第三三條　凡菸廠菸商對於捲菸統稅處規定各種手續如有違抗或玩延者得分別情形酌量處以罰金或停止售花發照其訂有專章正條者不在此例

第三四條　菸廠菸公司或菸商如走私漏稅方法爲本章程所未明載得參照本章程或其他法令比擬處罰

第四章　附則

第三五條　各省捲菸統稅局關於漏稅處罰事項於不抵觸本章程各規定得斟酌地方情形自擬單行規則送由捲菸統稅處呈請財政部部長核准施行

第三六條　本章程如有未盡事宜得以財政部部令行之

第三七條　本章程如有應行修正之處得由捲菸統稅處呈請財政部部長核准修正之

第三八條　本章程自公布日施行

（三）江蘇捲菸統稅局處罰審查會暫行規則

一　凡本省發現走私漏稅舊花重用減等貼花及其他舞弊運銷菸件經捲菸統稅處發交本局處理之案依照本規則審查之

二　本審查會以左列人員組織之

一本局局長

二本局祕書

三本局總務課長

四本局統稅課長

五本局管理員長

六本局資深之課員二人

七本案發生地之查驗所長

三　本審會查會開會時以本局局長爲主席

四　本審查會開會時得令原菸廠經理人到會陳述情形以昭公允

五　本審查會之審查案以列席審查員過半數議決之可否同數取決於主席

六　本審查會處罰辦法依照奉頒捲菸統稅查驗處罰章程內所載各條行之但罰金倍數得權其情節輕重酌量增減

七　凡菸商舞弊運銷菸件其方法爲前條兩種章程所未列舉者得參照部定章程比擬

辦理

八　本審查會決定處罰案由局長呈經　捲菸統稅處核准後執行之

九　本規則呈經　捲菸統稅處核准後施行

十　本規則如有未盡事宜得隨時呈請修正

（四）罰金收據式

捲菸統稅罰款收據

財政部捲菸統稅處　爲

發給事茲有商人　因私運　牌　菸　箱件計共　枝

違章瞞稅走私經由　局所緝獲照章處罰現據遵繳罰款大洋　元

前來除核收外合給此聯爲據

局所長

收款員

中華民國　年　月　日　省捲菸統稅局給

此聯塡給商人

字第　號罰款

捲菸統稅罰款繳驗

財政部捲菸統稅處　　爲

塡繳事玆有商人　　因私運　　牌　　菸　　箱件計共　　枝

違章瞞稅走私經由　　局所緝獲照章處罰現據遵繳罰款大洋　　元

前來除核收並塡發收據外理合塡繳

察核

局所　民

收款員

中華民國　　年　　月　　日　　省捲菸統稅局呈

此聯報部

字第　　號罰款

捲菸統稅罰款存查

財政部捲菸統稅處　　爲

存查事玆有商人　　因私運　　牌　　菸　　箱件計共　　枝

違章瞞稅走私經由　　局所緝獲照章處罰現據遵繳罰款大洋　　元

前來除核收並分別塡給收執並繳驗外此聯存查

局所長

收款員

中華民國　　年　　月　　日　　省捲菸統稅局存

此聯存查

（五）罰金收據旬報表式

財政部捲菸統稅局查驗所捲菸罰金旬報表

緝獲日期	緝獲機關	運菸人姓名或店號	捲菸牌名及數量	判罰理由	執行日期	罰金數目	填用罰單號數	坐支七成	解部處二成	解局一成	備考

第四節　印花之製定及其改良

捲菸統稅印花其性質等於有價證券無論舶來國製菸件但須貼足印花凡屬施行統稅區域均可行銷無阻關係至爲重要開辦初期所製印花花紋簡陋既易假冒不列號碼難免重用再三研究流弊滋多故行用未久隨卽改良捲菸稅率原分七等印花每等一色分爲七色每印花一枚代表捲菸五千枝之稅欵以十枚聯爲一頁統計爲捲菸五萬枝以甲乙等十干爲次第並列連號可分可合均有稽攷花紋精細未易僞爲查原箱捲菸分六萬枝五萬枝三萬枝二萬五千枝一萬枝五千枝數種其舶來品上等捲菸有以一千枝裝箱者但爲征收稅率便於計算起見均以五萬枝爲計稅標凖以昭劃一故印花以十枚爲一聯而以十分之五千枝爲起點至雪茄菸稅率原分六等其印花每等一色分爲六色以盒計不以箱計分二十五枝盒用五十枝盒用兩種等級顏色各別六等雪茄菸更有一百枝盒用者本無號碼現爲嚴密防止重用起見亦加印號碼改用長條十二英寸之紙印製用以環封木盒益昭愼重焉

（一）捲菸印花稅票樣張

寶藍色

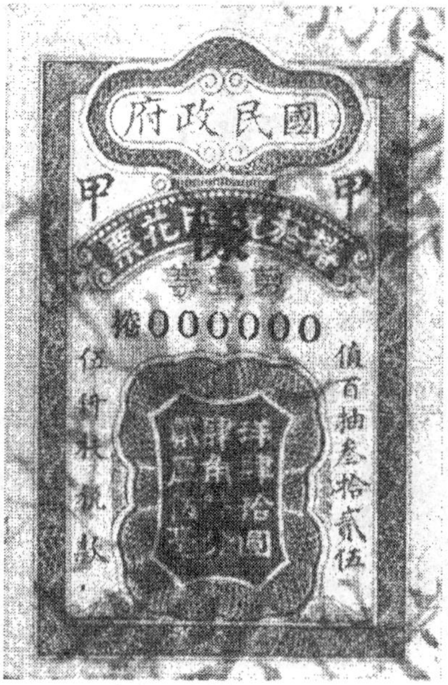

薑黃色

青蓮色

墨綠色

洋紅色

赭色

黑灰色

(說明)此項捲菸印花計分七等每張印花分爲十枚除編列聯號外兼以甲乙丙丁字樣分別印於每枚之上上列樣本係甲字號餘號均同

(二)雪茄菸印花稅票樣張

葉藍色

鐵灰色

淡赭色

翠綠色

籐黃色

茶綠色

以上係二十五枚裝

紫醬色

橘黃色

墨綠色

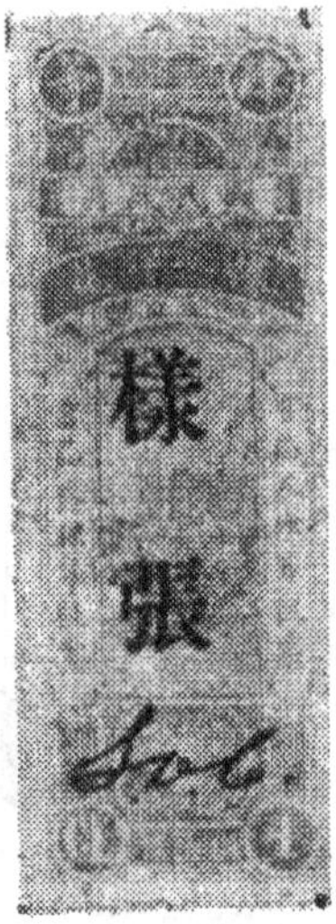

深紫色

深湖水色

寶藍色

以上係五十枚裝惟六等係一百枚裝

(三)最近改製雪茄菸印花樣張

墨綠色

紫紅色

墨灰色

赭紅色

棕色

綠色

翠綠色

青蓮色

藤黃色

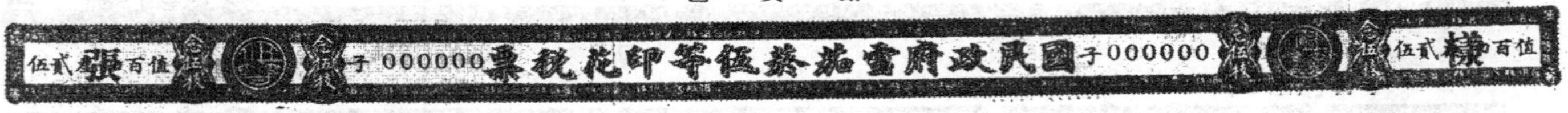

湖綠色

淺綠色

寶藍色

（說明）此項印花每一號碼爲一張每張十枚分子丑寅卯等十條每條長十二英寸用以環封木盒可免重用之弊

第五節　捲菸登記及取締

捲菸牌名卽菸商營業之商標其銷售價値依之以表示征稅等級依之以核定旣關稅等之高下則登記在所宜先又爲征稅之稅源則保護尤爲必要此項登記與商標法對於商人取得專用權其目的各有不同緣捲菸營業創一信用卓著之牌名生利無限與財產等往往不法菸商任意仿冒影射甚至陰竊牌名私製菸件習相偸漏嫁禍他人更有用同一商號名稱並不經移轉手續者層見叠出難以枚舉如關於牌名登記不問同名同式概准製銷則正當完稅之捲菸必受冒牌之打擊而稅收隨將墮落如關於商號商標移轉不問手續是否完畢證據是否確實一體許可則合法設立菸廠必因僞標混同終致走私無從察究因是依征收捲菸統稅條例制定捲菸登記暫行章程蓋所以取締混冒維持菸牌保障稅源並以證明商號納稅責任俾可追查走私廠肆主名爲收稅不可少之手續其未經登記者固不准製菸運售卽登記未合法者亦必令補行登記特於章程第五章附則聲明誠重之也

(一)財政部捲菸統稅處捲菸登記暫行章程

第一章　總則

第一條　本章程遵照財政部捲菸統稅條例第六條第七條制定之

第二條　關於捲菸登記事項除本章程外他種法令有規定者均應遵照辦理

第三條　本章程於捲菸統稅施行區內適用之

第四條　捲菸登記暫以左列兩種爲限

一國內製造捲菸之登記

二國外輸入捲菸之登記

第五條　商人在國內設廠自製或委託他廠代捲之菸件槪認爲國內製造之捲菸其由國外輸入之雪茄菸或其他捲製之菸件槪認爲國外輸入之捲菸外國商人在中國境內設廠製菸或由外國輸入菸件亦應遵照本章程辦理

第二章　國內製造捲菸之登記

第六條　國內製造捲菸之事項如左

一菸廠（稱菸公司而設廠者同）

二牌名（稱商標者同）

三稅等（捲菸統稅等級）

第七條　商人在國內如欲自設菸廠者應由創設人按照左列各款訂入章程呈送財政部捲菸統稅處核准登記後始准設立

一名稱

二組織（獨資或公司）

三資本總額

四總分廠所在地

五於菸廠外另設營業所者其營業所所在地

六捲菸種類（雪茄或普通小枝捲菸）

第八條　菸廠遵照前條呈請登記時應塡具申請書及登記表並附左列各件

一每日出菸概算書

二機器說明書

三菸倉設備說明書

四志願書

第九條　商人設立菸廠經捲菸統稅處核准登記後始得選定捲菸牌名並估定批售數

目列明應納統稅等級呈請捲菸統稅處再爲牌名及稅等之登記

但爲便利營業起見菸廠登記及牌名稅等登記准由商人同時呈請之

第十條　商人呈請登記捲菸牌名時應塡具申請書簽名蓋章並將所擬牌名字樣圖樣檢送二份經捲菸統稅處審查核准登記後始准依牌捲製如製成出品時並應呈繳菸樣兩包備查

前項規定之程序凡商人開業前創設牌名或營業中續增牌名均適用之

第十一條　二人以上於捲菸牌名以近似或相同之字樣牌樣各別呈請登記時准實際最先使用者登記其呈請前均未使用或孰先使用無從確實證明時准最先呈請者登記其在同日呈請者非經各呈請人協議妥洽讓歸一人專用概不准予登記

第十二條　同一商人於同一捲菸種類內使用類似之牌名時得爲聯合牌名呈請登記但聯合牌名最多不得過五種自呈准日起算如經過六月尚未製出捲菸即屬無效

第十三條　商人因牌名呈准登記後所生之權利與其營業得一倂移轉於他人並得隨使

用該牌名之捲菸分析移轉但聯合牌名之權利不得分析移轉

第十四條　承受前項之權利者應呈報捲菸統稅處將牌名所有人之姓名爲更正登記

捲菸牌名專用權除得由登記人隨時呈請撤銷外凡在登記後有左列情事之一者捲菸統稅處得以其職權或據利害關係人呈請撤銷之

一於其登記牌名自行變換或附記以圖影射而使用之者

二牌名登記後並無正當事由迄未使用已滿一年或停止使用已滿二年者

三登記後查有冒用他人牌名及影射圖樣者

第十五條　商人呈請登記稅等時應將捲菸之批發售價（如係雪茄按一千枝如係普通小枝按五萬枝計算）覈實陳核前項售價應包括紅利贈品等項計算不得假借名義扣減價額或以多報少意圖匿稅

第十六條　商人於稅等呈准登記後如遇原估菸價因市面滯銷或其他重要原因有須減價出售情事時應報由所在地之各省捲菸稅局查明轉報捲菸統稅處俟核准更正稅等登記後方准公告減價

第十七條　商人經營捲菸業務如僅設置商號標用牌名並未自設菸廠（稱菸公司而不

設廠者同）而係委託他廠代爲捲製者呈請登記捲菸牌名以及稅等各事項除自具申請書簽字蓋章外並應由代捲菸件之菸廠出具保證書呈請捲菸統稅處查核始准登記

前項無機器製菸之公司委託他菸廠代捲時應於包上加印簡明標識（此種標識任由菸廠自定）以資識別而便稽查如係自設機器捲製者不在此限

第十八條　前條委託代捲之菸商如擬更換他廠代捲菸件時應先具申請書簽字蓋章並須新代捲菸廠加具保證書一併送捲菸統稅處始准更正登記

第十九條　關於菸廠牌名稅等各登記事項除由商人逕呈捲菸統稅處外得就近呈由各省捲菸稅局查核轉請登記

第三章　國外輸入捲菸之登記

第二十條　國外輸入捲菸之登記應列舉之事項如左

一廠名（應敘明國籍及其總分廠所在地）

二牌名（應將中文洋文字樣一併列明）

三售價（雪茄每千枝普通小枝捲菸每五萬枝之批發價格）

四稅等（捲菸統稅等級）

第二一條　商人輸入菸件者應照前條規定逐一列明報由捲菸統稅處核明登記

第二二條　前條登記之菸件如有廠牌更換或價格變動時應由輸入商人另行呈報經捲菸統稅處派員查明屬實後卽予更正登記

第二三條　輸入商人爲前兩條之登記時應塡具申請書並將該輸入商人所設商號名稱地點及最近之經理或代表人名詳細列入簽字蓋章

第四章　罰則

第二四條　商人不遵本章程呈准登記擅自製菸貼花發售者應處以五十元以上二百元以下之罰金

第二五條　各菸公司已規定納稅等級之捲菸偶因滯銷減價函報更正稅率者應候捲菸統稅處派員覆查屬實核准通知始得改減稅率倘未報明擅自減等貼用印花出廠者查出得酌量情形停發運照及停售印花以示懲戒（至停發花照期間暫定十日以上卅日以下）

第五章　附則

第二六條　本章程施行前業經核准登記之菸廠及牌名稅等於本章程公布後應遵報捲菸統稅處補行登記但捲菸統稅處認爲必要時得將原登記予以指正或限制

第二七條　各菸公司應塡之申請書保證書及登記表另定之

第二八條　本章程如有未盡事宜得由財政部以部令行之

第二九條　本章程自公布日施行

（二）捲菸登記申請書式

爲出具申請書事敝公司現擬新出　　枝裝　　牌捲菸係屬自製每五萬枝
售洋　　元應完　　等統稅茲特檢同捲菸牌樣兩紙備函送請
鈞處鑒核准予登記謹上
財政部捲菸統稅處
附呈捲菸牌樣兩紙

申請人　（簽名蓋章）　啓

（三）雪茄菸登記申請書式

爲出具申請書事敝公司現擬新出　　枝裝　　雪茄菸係屬自製每千枝售洋　　元應完　　等統稅茲特檢同雪茄菸牌樣兩紙備函送請

鈞處鑒核准予登記謹上

財政部捲菸統稅處

附呈雪茄菸牌樣兩紙

啓

申請人　　（簽名蓋章）

（四）各菸公司委託代捲登記申請書式

爲出具申請書事敝公司現擬新出　　枝裝　　牌捲菸係託　　公司代捲每五萬枝售洋　　元應完　　等統稅茲特取具　　公司保證書並檢同捲菸牌樣兩紙備函送請

鈞處鑒核准予登記謹上

財政部捲菸統稅處

附保證書乙紙捲菸牌樣兩紙

申請人　　　　(簽名蓋章)

啓

(五)舶來品捲菸登記申請書式

爲出申具請書事現由　　國　　地方　　菸廠運到　　枝裝

牌舶來品捲菸　　種每五萬枝售洋　　元應完　　等統稅茲特

檢同捲菸牌樣兩紙備函送請

鈞處鑒核准予登記謹上

財政部捲菸統稅處

附呈捲菸牌樣兩紙

啓　　月　　日

申請人　　　　(簽名蓋章)

注意　如係同時由國外輸入之捲菸或因種數過多申請書內不及詳塡者即應另塡詳表一紙與申請書併送

(六)船來品雪茄菸登記申請書式

爲出具申請書事現由　國　地方　菸廠運到　枝裝
牌船來品雪茄菸　種每千枝售洋　元應完　等統稅茲特
檢同雪茄菸牌樣兩紙備函送請
鈞處鑒核准予登記謹上
財政部捲菸統稅處
附呈雪茄菸牌樣兩紙

啓　月　日

申請人　(簽名蓋章)

注意　如係用時由國外輸入之雪茄菸或因種數過多申請書內不及詳填者
即應另填詳表一紙與申請書併送

(七)菸廠保證書式

爲出具保證書事茲有　菸公司委託敝公司代爲捲製　枝裝　牌
捲菸　種業經商定由敝公司於捲菸牌樣上加印　標識以資證明如果

查獲該公司在敝廠製菸有走私漏稅情事敝公司願負完全責任理合具函保證敬祈

鈞處察核備案謹上

財政部捲烟統稅處

啓

保證人　公司經理（簽名蓋章）

（八）菸廠菸公司甲種登記表式

甲種（登記章程未公布以前業經呈准註册之菸廠菸公司或菸商適用之）

菸廠或菸公司登記表

商號		名稱	
		國籍	
經理人		姓名	
		國籍	
資本總額			
組織（獨資或公司）			
營業所地址		總所	
		支所	
製造廠	總廠	地址	
		工人總數	
	分廠	地址	
		工人總數	
		地址	
		工人總數	
		地址	
		工人總數	
機器	若干副		
	每副（每小時）捲菸統數	甲種	
		乙種	
		丙種	
		丁種	
函請登記年月日			
設立年月日			
註册執照		填給機關	
		填給年月日	
		號數	
附記			

（九）菸廠菸公司乙種登記表式

乙種（新設菸廠菸公司或菸商適用之）

菸廠或菸公司登記表

商號		名稱	
		國籍	
經理人		姓名	
		國籍	
資本總額			
組織(獨資或公司)			
營業所在地		總所	
		支所	
製造廠	總廠	地址	
		工人總數	
	分廠	地址	
		工人總數	
		地址	
		工人總數	
		地址	
		工人總數	
機器	若干副		
	每副(每小時)捲菸統數	甲種	
		乙種	
		丙種	
		丁種	
函請登記年月日			
附記			

（十）菸公司丙種（委託代捲）登記表式

菸公司登記表

商號	名稱	
	國籍	
經理人	姓名	
	國籍	
資本總額		
組織（獨資或公司）		
營業所在地	總所	
	分所	
函請登記年月日		
出品係委託何家菸廠代捲		
附記		

丙種（未備機器自製捲菸之菸公司適用之）

(十一)各捲菸公司捲菸出品登記表式

公司名稱	牌名	枝裝	每箱價值	稅率等級	稅款全額	自製或代捲	備註

(十二)各菸公司甲種登記證式

財政部捲菸統稅處　爲

發給登記證事茲查　所出　牌捲菸經已核准暫行登記合行給發登記證一紙俾便

憑證領照以利運銷此證

計開

牌名	枝裝	批發售價	統稅等級	備註
		年月日初次核准 年月日第一次更改 年月日第二次更改		

(如捲菸批發售價因分銷區域售價及稅等有不同者可於備註欄內詳細填明)

一　此項登記證專爲迅速發照及駐廠員便於稽考而設並不徵收證費

二　菸商新出菸牌須照章報由本處核准登記給發證書後方准捲製貼花出廠領照運銷

三　如捲菸登記之批發售價因分銷區域售價及稅等有不同者應於登記申請書詳細敘明以資鑒別

四　已經呈准登記之菸牌在請領運照及報運出廠時均須將登記證繳候核驗

五　登記後如有牌名移轉或廢棄時須由原領證之菸商立將此證繳銷以憑分別更正換發或撤銷

六　如遇售價稅級更改時須於呈准登記後將此證送處註明加蓋印章方爲有效但菸商不得擅自塗改

七 設遇登記證遺失時應即函請本處補發並應登報一星期聲明作廢但須由本處指定之三家報館方為有效

中華民國十 年 月 日

處長 程○○

證 字第 號

商號名稱	牌名	枝裝	批發售價	統稅等級	備註
			年月日 初次核准		
			年月日 第一次更改		
			年月日 第二次更改		

中華民國十 年 月 日

(十三)各菸公司乙種登記證式

財政部捲菸統稅處 為

發給登記證事茲查 所出 牌捲菸業經已核准暫行登記合行給發登記證一紙俾便憑證領照以利運銷此證

計開

牌名	枝裝	批發售價			統稅等級	託何公司代捲	備註
		年月日	初次核准				
		年月日	第一次更改				
		年月日	第二次更改				

（如捲菸批發售價因分銷區域售價及稅等有不同者可於備註欄內詳細填明）

一　此項登記證專爲迅速發照及駐廠員便於稽考而設並不徵收證費

二　菸商新出菸牌須照章報由本處核准登記給發證書後方准捲製貼花出廠領照運銷

三　如捲菸登記之批發售價因分銷區域售價及稅等有不同者應於登記申請書詳細敍明以資鑒別

四　已經呈准登記之菸牌在請領運照及報運出廠時均須將登記證繳候核驗

五　一種菸牌如有託數廠代捲者應即照章分報登記對於每廠各給一登記證以資區別如其中有停止託捲者即應將停捲之登記證繳銷

六　登記後如有牌名移轉或廢棄時須由原領證之菸商立將此證繳銷以憑分別更正換發或撤銷

七　如遇售價稅等更改時須於呈准登記後將此證送處註明加蓋印章方爲有效但菸商不得擅自塗改

八　設遇登記證遺失時應即函請本處補發並應登報一星期聲明作廢但須由本處指定之三家報館方爲有效

中華民國十八年　　月　　日

處長　程叔度

證字第　　號

菸商名稱	牌名枝裝	批發售價	統税等級	託何公司代捲	備註
		初次核准　年月日			
		第一次更改　年月日			
		第二次更改　年月日			

中華民國十八年　　月　　日

(十四)各菸公司內標登記證式

財政部捲菸統税處　　爲

發給臨時領照出菸憑證事茲查　　所出　　牌業經核准暫行出菸合行給發臨時憑證

一紙俾便憑證將印存商標　　儘數領照運銷此證

計開

牌名枝裝	批發售價	核准箱數	統税等級	自製或代捲	備註

(如捲菸批發售價因分驗區域售價及税等有不同者可於備註欄內詳細塡明)

捲成出廠數量加註日期表

月　日	箱		
月　日	箱		
月　日	箱		
月　日	箱		
月　日	箱		
月　日	箱		
月　日	箱		
月　日	箱		
月　日	箱		

（說明）

一　此項臨時憑證專爲請領運照及報運出廠而設並不征收證費每次出菸後須請駐廠員於表內加註日期及箱數並由駐廠員於數目上加蓋印章以昭覈實但菸商不得擅自塗改

二　此項臨時憑證僅限印成商標備數捲銷完竣於末次出菸時交駐廠員收執繳呈江蘇局送處註銷

中華民國　　年　　月　　日

處長程

證字第　　號

商號名稱	
牌名	
枝裝	
核准箱數	
批發售價	
統稅等級	
自製或代捲	
備註	

中華民國　　年　　月　　日存查

第六節　退稅辦法之嚴密規定

捲菸統稅施行以來因政治上之關係尚未能普及全國凡完稅菸貨改運於非統稅區域者當然將原征稅款發還此退稅之原因一也又統稅係就貨物征收直接雖由菸商墊繳間接仍由吸戶負擔必俟菸貨銷出商人始能歸墊苟其菸貨霉壞不能銷售則菸商墊稅卽屬無可取償此退稅之原因二也惟商人呈報退稅常有取巧行爲又以統稅地域日益擴大退稅數目月見增加祇得重行規定嚴密辦法以示限制而杜弊混茲分述之（一）（霉壞）凡已完稅貼花菸件運達各地市面如遇霉壞或因故不能銷售須退回原廠時菸公司將原件報由當地查驗所發給退菸憑證方能起運到達後復報由菸廠所在地之省局派員押運入廠俟查驗花貨相符劃除原花監視將霉菸焚燬或折毀後卽予退還原納稅款（二）（重征）凡已完稅貼花菸件運達施行統稅區域以內之各省如發生重征情事菸公司將重征收據繳送來處核明屬實卽將該省區重征之數先行墊款發還菸公司一面開單行知原重征之機關飭令繳款歸墊（三）（改運）凡已完稅貼花菸件運達施行統稅區域後如改運非統稅區域菸公司隨時報明捲菸統稅處或起運地方之省局派員查驗卽劃花給照准予改運凡陸運由公司出具保證書水運則取具輪船公司簽字

之提單副本照章繳驗公司於菸件運達目的地後將該地查驗機關蓋戳之隨菸運輸聯連同統稅區域邊境之查驗所監視出境之證明書一併呈繳核明卽將原納統稅如數退還以上退稅事件一經核准後並非發還現款係由原征稅機關特製退稅證一種將菸牌退稅事由查驗情形及所退數目分別塡入證內發給原公司收執聽其隨時持證抵購印花辦理以來商民尚稱便利用將各項關於退稅所用書表各式附列於後

（一）捲菸統稅處退稅登記審查會暫行規則

第一條　關於左列事項由本處設置審查會審查之

一　退稅程序之規定

二　各省退稅之整理

三　牌名圖樣登記之准駁

四　捲菸售價之取締

五　處長交議之退稅登記事項

六　其他一切應行審查事項

第二條　審查會以左列人員組織之

一　本處處長
二　本處副處長
三　本處祕書
四　本處各科長
五　各科主辦科員
六　處長臨時指定之出席人員

第三條　交議事件如與各局所有關者得請其派員列席
第四條　審查會開會時以本處　處長爲主席
　　處長因事未能列席時由　副處長執行主席職務
第五條　審查會之審查案件以列席審查員過半數決之可否同數時取決於主席
第六條　審查會應行審查案件及其理由應由各科準備呈由
　　處長核定提出
第七條　審查會議決案件由　主席分交各科擬稿再呈　處長核定
第八條　審查會每星期開會一次(日期隨時指定)遇有特別事項時由

處長臨時召集之

第九條　本規則如有未盡事宜得隨時修正之

（二）霉菸退稅暫行規則

一　凡各公司運銷施行統稅區域之菸件經霉變不堪銷售退回原廠者得申請驗明發還稅欵其手續依本規則辦理

二　霉菸須同一牌名且其等級枝數與箱面原貼印花等第枚數相符者方能退回不得以雜牌拼裝朦請退稅

三　霉菸退回前須申請退回地點之辦理統稅機關給予退菸憑證呈局驗明如該地無辦理統稅機關得由該地經理商店具函證明倘無憑證函證概不退稅

四　霉菸退回抵埠時由菸公司備函連同退菸憑證或函證呈繳本總局

五　本總局據報核明無訛立卽塡發霉菸准運單派押運員督同各該公司將菸件卽日退回原廠連同准運單交駐廠員驗明菸數簽註到廠時刻准運單卽由押運員帶回繳銷

六　霉菸到廠後本總局委員或指定管理員按照本規則第二條之規定確切查明霉菸

牌名枝數原印花等級枚數號碼及原運出日期列表呈復本總局轉請捲菸統稅處派員督同駐廠員監視銷毀再行核辦其表式另定之

七 本規則呈經捲菸統稅處核准後施行

八 本規則如有未盡事宜得隨時呈請修正

(三)各菸廠菸件收退改運暫行規則 十七年九月二十日原訂 十八年三月六日改訂

第一條 各菸廠菸件原裝整箱出廠運銷嗣因該地滯銷或其他情形須由外埠退回原廠者應請求所在地之辦理統稅機關發給退菸憑證方准運回

第二條 前項退菸到滬應由菸廠將退菸憑證函送本局查核填發退菸准運單派員押運並分別通知管理員查驗駐廠員驗收其由輪船進口者同時由局將退菸准運單內通知駐關聯送達駐關辦事處該處憑通知聯核准黃色報單送關報稅各查驗機關憑准運單放運回廠

第三條 前項退菸到廠本局通知該區管理員會同駐廠辦事員憑退菸准運單內各聯及退菸憑證驗明原菸牌名箱數枝數原運出日期原貼印花稅率枚數號碼逐

一登記並塡具查驗報告表送呈本局登記轉報

第四條 前項退菸如原銷統稅區域所貼印花與現行新稅率相同者得報明將原箱改

捲菸統稅處備核或派員會同驗明

運其改運手續依左列之規定

一 改在本埠推銷者由菸廠依規定格式塡具改運申請書連同駐廠辦事員所塡

改運證明書報經本局核明（如號碼不明由本局派員復驗）發給改運證明

單本局憑證明單存根在退菸登記簿註銷駐廠辦事員監同菸廠將改運證明

單粘貼菸箱並於四週騎縫加蓋改運日期戳記

二 改運其他統稅區域者其改運申請書及駐廠辦事員之改運證明書由菸廠送

請

捲菸統稅處核明發給運照經處中憑改運證明書在運照內隨菸運輸聯塡明

原貼印花號碼並批明改運事由加蓋處章菸廠將運照送本局再照前欵手續

辦理

三 改運免稅區域者其改運申請書及改運證明書由菸廠報經本局核明（如號

碼不明由本局派員復驗）備文交由菸廠送請捲菸統稅處委員會同該區管理員暨駐廠辦事員驗明剗除原貼印花填具退稅報告書載明菸名箱數枝數原運出日期退菸地點退菸事由原貼印花稅率等級枚數退稅總數分報處局由處憑退稅報告書所填各欄填入退稅證發交菸廠備下次抵購印花價款並發給免稅運照駐廠辦事員憑運照內通知監運聯填就免稅查驗單監同菸廠粘貼菸箱並加蓋改運日期戳記一面將監運聯填明免稅查驗單號碼報告本總局在退菸登記簿註銷

第五條

前項退菸如原銷統稅區域所貼印花輕於現行新稅率者得報請退回舊稅改納新稅或以免稅手續再行改運其手續依左列之規定

一　改在本埠推銷者依第四條第一款具改運申請書改運證明書報經本局核明（如號碼不明由本局派員復驗）具文交由菸廠送請捲菸統稅處依第四條第三款委員會同該區管理員暨駐廠辦事員驗明剗除原貼印花填具退稅報告書分報處局由處填具退稅證發交菸廠並由駐廠辦事員監同菸廠粘貼新印花蓋戳同時將退菸補稅報告書分報區局由局在退

菸登記簿內注銷

二　改運其他統稅區域者依前款報經本局核明具文交由菸廠送請捲菸統稅處委員會同該區管理員暨駐廠辦事員驗明剗除原貼印花填具退稅報告書分報處局由處填發退稅證及運照駐廠辦事員憑運照內通知監運聯監同菸廠粘貼新印花蓋戳並於運照各聯填明新印花號碼注明改運日期同時將退菸補稅報告書分報區局其運照內監運聯附呈本局以憑在退菸登記簿注銷

三　改運免稅區域者依前條第三款辦理

第六條　凡菸件運達外埠統稅區域復欲改運至免稅區域時應先將菸件運回上海原廠按照本規則各條規定手續報驗俟奉發運照後始准退稅其由甲統稅區域直接改運乙免稅區域者不得退稅

第七條　本規則各項書表另定之

第八條　本規則呈奉　捲菸統稅處核准後施行

第九條　本規則如有未盡事宜得隨時呈請修正

(四)菸商領用免稅捲菸運照申請書式

領用免稅捲菸運照申請書(甲聯)

菸公司今有後開捲菸擬輸送出倉經　　轉運公司　　船／車　　裝運由　　地方碼頭起運至　　地方銷售限　　日運到查捲菸運銷該處暫應免貼統稅印花謹具書申請核發免貼統稅印花捲菸運照俾利運輸此上

察核

捲菸牌名	箱數	箱貯枝數	統稅印花 種類	統稅印花 等級	統稅印花 張數	免貼統稅印花原因	要否退還稅款

(公司圖記)　　(經理人簽名蓋章)

中華民國　　年　　月　　日　(此聯繳捲菸統稅征收機關)

注意

一統稅印花三格已貼印花者依實填入不貼印花者則填免貼二字

一免稅原因一格須分別運達地係未施行統稅區域或運達地係屬國外區域依實填明

一要否退還稅款一格已貼印花者則填一要字不貼印花者則填不要二字

字第　　號

領用免稅捲菸運照申請書（乙聯）

　　菸公司今有後開捲菸擬輸送出倉經　　轉運公司船／車裝運由　　地方碼頭起運至　　地方銷售限　　日運到查捲菸運銷該處暫應免貼統稅印花除具書申請核發免貼統稅印花捲菸運照俾利運輸外合再具書通知此致

駐　　辦事員　　查照

捲菸牌名	箱數	箱貯枝數	統稅印花 種類	統稅印花 等級	統稅印花 張數	免貼統稅印花原因	要否退還稅款

（公司圖記）　　（經理人簽名蓋章）

中華民國　　年　　月　　日（此聯送駐　　辦事員查照）

注意
一統稅印花之格已貼印花者依實填入不貼印花者則填免貼二字
一免稅原因一格須分別運達地係未施行統稅區域或運達地係屬國外區域依實填明
一要否退還稅款一格已貼印花者則填一要字不貼印花者則填不要二字

（五）免稅運照式（見插表）

（六）各菸公司請領免稅運照繳核提單副本辦法

一　各菸公司請領出口免稅運照須於三日內將提單副本（提單即儎紙）繳本處駐關辦事處覆核

二　繳核提單副本須注意下列二點

甲　提單副本上如有「此提單係屬借做所裝各貨如有破爛缺少等情均照收單爲憑貨若未曾裝船此單即作廢紙此佈」字句應作無效故須删除并由（乙）條所指負責人簽字證明

乙　提單副本上必須該輪公司負責人正式簽字並書明「此提單副本專作捲菸稅處核對事宜不作別用」字樣

三　繳核提單副本上之簽字如發生假冒情事以漏稅論從嚴處罰

四　各公司自領照之翌日起三日內不能依期將提單副本繳驗照應納稅款額數處以一半之罰金如過五日不能繳出（即三日後再過二日）應照稅欵額數處以一倍之罰金如逾一星期仍不能繳驗（即五日後再過二日）即照漏稅論罰並同時停

（五）免稅運照式

稅　　號

（第四聯）

財政部捲菸統稅處

免貼統稅印花捲菸運照

存查聯

今據　　　　菸公司報稱擬將後開捲菸經　　　　轉運公司車船裝運由
地方碼頭起運至　　　　地方銷售限　　日運
到查捲菸運銷該處所應免貼統稅印花請予核發免貼統稅印花捲菸運照俾利運輸等情
經予核准除分別填發各聯外合截此聯存查

牌名	箱數	箱貯枝數	箱面原貼查驗單字軌	號	數	運達地點及免貼統稅印花原因

中華民國　　年　　月　　日填用機關蓋章

稅字第　　　　號

稅　　號

（第叁聯）

財政部捲菸統稅處

免貼統稅印花捲烟運照

通知運達聯

今據　　　　菸公司報稱擬將後開捲菸經　　　　轉運公司車船裝運由
地方碼頭起運至　　　　地方銷售限　　日運
到查捲菸運銷該處所應免貼統稅印花請予核發免貼統稅印花捲菸運照俾利運輸等情
經予核准除填給運照隨菸輸運外特此通知此致

牌名	箱數	箱貯枝數	箱面原貼查驗單字軌	號	數	運達地點及免貼統稅印花原因

中華民國　　年　　月　　日填發機關蓋章

稅字第　　　　號

稅　　號

（第貳聯）

財政部捲菸統稅處

免貼統稅印花捲菸運照

隨菸運輸聯

今據　　　　菸公司報稱擬將後開捲菸經　　　　轉運公司車船裝運由
地方碼頭起運至　　　　地方銷售限　　日運
到查捲菸運銷該處所應免貼統稅印花請予核發免貼統稅印花捲菸運照俾利運輸等情
經予核准合填給此照隨菸運輸以便沿途關卡及各機關查驗放行運到運達地點如有捲
菸稅機關送請驗明蓋戳發還該公司繳回原填發機關核銷須至運照者

牌名	箱數	箱貯枝數	箱面原貼查驗單字軌	號	數	運達地點及免貼統稅印花原因

中華民國　　年　　月　　日填發機關蓋章

稅字第　　　　號

稅　　號

（第壹聯）

財政部捲菸統稅處

免貼統稅印花捲菸運照

通知監運聯

今據　　　　菸公司報稱擬將後開捲菸經　　　　轉運公司車船裝運由
地方碼頭起運至　　　　地方銷售限　　日運
到查驗捲菸運銷該處所應免貼統稅印花請予核發免貼統稅印花捲菸運照俾利運輸等情
經予核准合行通知該員仰即查照檢驗並將菸箱原貼查驗單字號查填明確監視立即
起運并將運竣時間暨運人簽章負責兩格據實加填繳呈查核此給　　駐　　辦事員

牌名	箱數	箱貯枝數	箱面原貼查驗單字軌	號	數	運達地點及免貼統稅印花原因	運竣時間	監運人簽章負責
							年　月　日　午　時	

中華民國　　年　　月　　日填發機關蓋章

止發給運照（如有退關及改裝別輪情事不在此例）

五 所領運照發生退關情事如已註明提單者可即報告註關辦事處驗明否則須函報並聲明改裝何輪如退關而不報處者應照稅款額數處以一倍之罰金倘改裝別輪不將運照繳回改正未得本處之許可亦處以稅款一倍之罰金

六 本辦法自宣佈後定十月一日起實行從前書繳驗關完稅之裝船單考核辦法同時取銷

(七)改運證明單式

江蘇捲菸統稅總局

改運證明單存根

左列菸件經核准改運　地方除給單證明外合留存根備查

公司名稱	捲菸牌名	箱盱枝數	原運銷地方	原運出年月日	原貼印花等級枚數

填發員
登記員

中華民國十八年　月　日

字第　號

江蘇捲菸統稅總局

改運證明單

本箱菸件准改運　地方合給單實貼箱上以憑查驗

公司名稱	捲菸牌名	箱盱枝數	原運銷地方	原運出年月日	原貼印花等級枚數

右仰沿途查緝人員查驗放行

中華民國十八年　月　日　實貼

(八)退菸准運單式

江蘇捲菸統稅局
退菸准運單押運聯

茲據　公司函報由　地方退回　牌　盒箱條擬由　車站輪埠
移回　地方除電准並分別通知外為此填發押運單仰該員押運點交駐廠員驗收並仰
沿途查驗人員查驗放行毋許留難須至押運單者
右給　准此
押運員　蓋章
駐廠員驗收　蓋章
查緝人員查驗　蓋章
註銷人員　蓋章
中華民國　年　月　日

運字第　號

江蘇捲菸統稅局
退菸准運單通知駐關聯

茲據　公司函報告　地方退回　牌　盒箱條擬由　車站輪埠
移回　地方除准給派員押運外合行通知
駐江海關辦事處查驗放行
中華民國　年　月　日

運字第　號

江蘇捲菸統稅局
退菸准運單通知區管理員聯

茲據　公司函報由　地方退回　牌　盒箱條擬由　車站輪埠
移回　地方除准給單派員押運外合行通知
第　區管理員查驗會同駐廠辦事員填查驗報告表具報
中華民國　年　月　日

運字第　號

江蘇捲菸統稅局
退菸准運單通知駐廠員聯

茲據　公司函報由　地方退回　牌　盒箱條擬由　車站輪埠
移回　地方除准給單派員押運外合行通知
駐　廠辦事員驗收會區填查驗報告表具報
中華民國　年　月　日

運字第　號

退菸准運存根

運回　公司　地方退回　牌　盒箱條已准給單由　地方
地方合留存根
押運員
登記員
通知第　區管理員
通知駐　廠辦事員
中華民國　年　月　日

（八）退菸准運單式（見插表）

（九）霉菸申請書式

霉菸申請書

左列菸件均已霉壞應請

鈞局照章核辦謹呈

江蘇捲菸統稅局　鈞鑒

計開

牌名	箱數	枚數	退回地點	原運出日期	退回日期	印花等級	印花枚數	稅銀總數	印花號碼

菸公司蓋章

中華民國十八年　月　日

(十)退菸查驗報告表式(見插表)

(十一)退菸補稅報告書式(見插表)

(十二)各菸廠免稅出倉捲菸旬報表式(見插表)

(十三)退稅報告書式(見插表)

(十四)霉菸存銷旬報表式(見插表)

(十五)捲菸退稅發給印花報告表式(見插表)

(十六)捲菸退稅證式(見插表)

第七節　土製捲菸征稅單行法之規定

依照統稅條例規定征稅之捲菸係指鉄機製造者而言若以手工代汽以木代鉄其出品之粗劣工本之倍費市價之低廉自未便與機製者一體待遇此等土製捲菸首於安徽地方發見均屬小工營業零星賤售藉維生活未便概行禁止是經參照統稅稅率擬訂土製捲菸征稅單行辦法呈由財政部核定公布施行並採用逐包貼花辦法另製特種印花行用少示限制之意藉維稅法之平旋以湘鄂浙豫各省皆有類此產品均令仿照皖省辦法並通令其他各省一律遵辦俾昭劃一

(十)退菸查驗報告表式

退菸查驗報告表第一聯

謹將查驗　　廠菸退回情形列表呈請
江蘇捲菸統稅局鑒核

出品公司	菸名	箱貯枝數	箱數	退回地點	原運出日期	原貼印花等級	原貼印花新舊稅率	原貼印花枚數	稅銀總數	印花號碼	查驗情形

附記

(注)凡有箱貨不符及拼裝等情事可列入查驗情形欄內(其他特別情形列入附記欄內)

中華民國　　年　　月　　日

駐第　　區管理員蓋章
　　廠辦員員蓋章

字第　　號

退菸查驗報告表第二聯

謹將查驗　　廠菸退回情形列表呈請
江蘇捲菸統稅局轉呈
財政部捲菸統稅處鑒核

出品公司	菸名	箱貯枝數	箱數	退回地點	原運出日期	原貼印花等級	原貼印花新舊稅率	原貼印花枚數	稅銀總數	印花號碼	查驗情形

附記

(注)凡有箱貨不符及拼裝等情事可列入查驗欄內(其他特別情形列入附記欄內)

中華民國　　年　　月　　日

駐第　　區管理員蓋章
　　廠辦事員蓋章

字第　　號

退菸查驗報告表存根

查驗　　廠菸退回情形列表存根

出品公司	菸名	箱貯枝數	箱數	退回地點	原運出日期	原貼印花等級	原貼印花新舊稅率	原貼印花枚數	稅銀總數	印花號碼	查驗情形

附記

駐第　　區管理員蓋章
　　廠辦事員蓋章

中華民國　　年　　月　　日

（十一）退菸補稅報告書式

退菸補稅報告書存根

左列菸件已遵貼新稅率印花出廠運銷　　地方除具書報告
江蘇捲菸統稅總局登記外合留存根備查
駐　　廠員　　經手此聯存查

公司	牌名	箱數	原貼印花等級	由何處退回	現貼印花		備註
					等級	號碼	

中華民國　　年　　月　　日

字第　　號

退菸補稅報告書　第二聯

為報告事左列菸件已遵貼新稅率印花出廠運銷　　地方除報請
江蘇捲菸統稅總局　察核辦理外謹通知
貴管理員查照此致
第　　區管理員　　駐　　廠辦事員

公司	牌名	箱數	原貼印花等級	由何處退回	現貼印花		備註
					等級	號碼	

中華民國　　年　　月　　日

字第　　號

退菸補稅報告書　第一聯

為報告事左列菸件已遵貼新稅率印花出廠運銷　　地方除報明區管理員
察核外理合具書報請　察核登記謹呈
江蘇捲菸統稅總局
駐　　廠辦事員

公司	牌名	箱數	原貼印花等級	由何處退回	現貼印花		備註
					等級	號碼	

中華民國　　年　　月　　日

登記員

（十二）各菸廠免稅出倉捲菸旬報表式

菸廠免稅出倉捲菸旬報表

第　　號第　　張　　　　　　　　　　　　　　　　年　　月　　日

	運出日期	牌名	免稅等級	每箱枝數	出倉箱數	免貼印花枝數	運達地點	免稅運照暨運聯號數	驗查單數或	附記
免貼印花統計	等級	一等	二等	三等	四等	五等	六等	七等		
	枝數									

駐　　　菸廠辦事員

（十三）退稅報告書式

退稅報告書（摘由　　　　　　　　）　第　　張

菸名	箱貯枝數	箱數	原運出日期	退菸地點	退稅事由	原貼印花等級	原貼印花枚數	退稅總銀數	查驗情形

右列　　　　公司菸件業經會同驗明監視剷除原貼印花分報

處局查核在案合留存根

部處委員

管理員

駐廠辦事員

中華民國十八年　　　月　　　日

（十四）霜菸存銷旬報表式

霜菸存銷旬報表

年　菸廠　　　　　　　　　　年　　月　　日

牌名	舊存									新收									銷毀									實存									附記
	千	百	十	箱	萬	千	百	十	枝	千	百	十	箱	萬	千	百	十	枝	千	百	十	箱	萬	千	百	十	枝	千	百	十	箱	萬	千	百	十	枝	
合記																																					

（說明）
1 本表一律須用亞拉伯字塡寫每日分上中下三旬塡報不得錯誤每箱枝數以五萬枝爲標準
2 本表新收及銷毀兩項應將每次日期枝數在附記欄內註明
3 本表每旬由駐廠員塡具二份一送總局一送該管理區備核
4 本表塡就後應由菸廠核對蓋章

駐廠委員　　　　蓋章　　　　　　　菸廠　　　　蓋章

財政部某省捲菸統稅總局退稅發給印花報告表

（第二聯）

中華民國　　年　　月　　日　　　　　　　　第　　　號

菸廠或運商	
運照號碼	
牌名	
箱裝枝數	
退稅事由	
查驗情形	
查驗證據	
原貼印花	種類　　等級　　張數　　每　　$..........
原貼印花號碼	
發給印花	種類　　等級　　張數　　每　　$..........
發給印花號碼	

查上列霉壞改裝/改運重征菸件業經驗明准予退稅並填第一聯報告表送請備案在案茲

填第二聯報告表仰請查照將此項退稅所發印花准予登記核銷此致

財政部捲菸統稅處

............捲菸統稅總局具

財政部某省捲菸統稅總局退稅發給印花報告表

（第三聯）

中華民國　　年　　月　　日　　　　　　　　第　　　號

菸廠或運商	
運照號碼	
牌名	
箱裝枝數	
退稅事由	
查驗情形	
查驗證據	
原貼印花	種類　　等級　　張數　　每　　$..........
原貼印花號碼	
發給印花	種類　　等級　　張數　　每　　$..........
發給印花號碼	

查上列霉壞改裝/改運重征菸件業經准予退稅除送報告表第一二聯請予登記核銷外合

行存根備查

財政部某省捲菸統稅總局退稅發給印花報告表

（第 二 聯）

中華民國　　年　　月　　日　　　　　　　　第　　號

菸廠或運商	
運照號碼	
牌　　名	
箱裝枝數	
退稅事由	
查驗情形	
查驗證據	
原貼印花	種類　　等級　　張數　　每　　$…………
原貼印花號碼	
發給印花	種類　　等級　　張數　　每　　$…………
發給印花號碼	

查上列霉壞改裝／改運重征菸件業經敝局驗明符合退稅辦法准予退稅茲塡列第一聯報告表即請鑒核備案此致

財政部捲菸統稅處

…………捲菸統稅總局具

說明

一　查省局向總處具領印花按月應將售花所征稅款報解總處方准核銷惟退稅專項關除印花並無退稅款收入故認為一種損失事關稅款其權屬於本處各省如有退稅案件自應呈請核准辦理以昭愼重茲為求各局辦事上迅速起見其符合退稅規則及由該局所在地出廠貼花改運免稅區域須退稅者姑准各局先行辦理特規定「退稅換給印花報告表」除隨時具塡呈處備案外並須按月彙案呈處核銷以符手續而淸賬款

二　前條所指之准由局先行處理之退稅事件應以原由各該局發貼印花之菸件為限其係由本處發貼印花之菸件應由本處退稅或請退稅款過鉅及有其他特別情形者仍應備文請示核准施行

三　本表係三聯式第一聯係辦理退稅時隨時呈處備案第二聯係按月月底報解稅款時彙齊連同印花銷存表收支月報表及稅款收支月結報解清單一併呈處以憑登記核銷印花第三聯存根留局備查

四　菸件在省外各地發生退稅情事應將原菸件運回[illegible]局所在地報由總局查驗辦理其有特別情由礙於運回者即由局斟酌情形派員前往辦理或由查驗所請示總局核辦其查驗隨復情形應於表內詳晰註明以憑考核各查驗所呈摺原文及所給證明憑證或其他證據均應附同第一聯退稅發給印花報告表轉送來處並於查驗證據欄內塡明退稅印花應由局派員監視劃除塗毀開列號碼備文呈復省局塡表時應將所毀原貼印花及換發印花號碼分別列入每月各案退稅印花欄價值之總數應與該月稅款收支月結報解單之退稅損失銀數相等

五　此表係專為各省局呈報及核銷各該局辦理退稅事件之用其由各省局呈送證據到處由部處逕行核發稅款或換給印花者不在此列

（十六）捲菸退稅證式

執有此項退稅證之菸公司應於此證後面加蓋圖章方爲有效並祇限該公司抵稅不得移轉

財政部捲菸統稅處退稅證

No.　　　　　　　　　　　　　　　　年　　月　　日

菸名	箱裝枝數	箱數	原運出廠日期	從何處退回	退稅理由	原貼印花			退稅銀數							
						稅率	等級	張數	萬	千	百	十	元	角	分	釐
合計																

上項菸件業據本處委員　　會同管理員暨駐　　廠辦事員驗明剗除舊印花具書報告前來核與規則相符應准退稅合行塡發此證交　　公司收執備抵稅款此證

處長　　　　科長　　　　塡發員

財政部捲菸統稅處退稅證存根

No.　　　　　　　　　　　　　　　　年　　月　　日

菸名	箱裝枝數	箱數	原運出廠日期	從何處退回	退稅理由	原貼印花			退稅銀數							
						稅率	等級	張數	萬	千	百	十	元	角	分	釐
合計																

上項菸件據本處委員　　會同管理員暨駐　　廠辦事員驗明剗除舊印花具書報告前來經核准退稅除塡發退稅證交　　菸公司收執外合留存根

處長　　　　科長　　　　塡發員

（一）安徽捲菸統稅局暫定土製捲菸征收單行辦法

第一條　凡在本省境內一切手工或運用木質機器製造之捲菸零星銷售者均應遵照本辦法辦理其設廠備有鉄質機器仿製整箱出菸者仍遵部章辦理不在此例

第二條　凡一切土製捲菸均須遵照　國民政府財政部征收捲菸統稅條例完納值百抽三二五之捲菸統稅

第三條　各土製捲菸商所有出品須先將該捲菸價目種類牌名裝式分別呈請總局或由各查驗所轉由本局呈請財政部核准登記方得納稅行銷此項捲菸價目牌號裝式如有變更時亦須同樣聲請

第四條　所有關於土製捲菸運銷查驗一切事宜得適用財政部捲菸統稅查驗處罰規則及本局檢驗菸件規則

第五條　凡土製捲菸由本局或本局所屬查驗所按照批發價目實數核算爲納稅標準所有土製捲菸納稅採用逐包貼花辦法由本局擬定特種印花式樣計分五釐七釐一分二分四種呈奉財政部核准暫由本局製備貼用先行試辦

第六條　各土製捲菸商所有出品應向本局或所屬查驗所繳納統稅領取印花及稅款收據並會同派員監視將印花分貼於每小包之開口處方准出售違者以走私論罰(稅款收據式樣另訂之)

第七條　本辦法呈請　財政部核准施行如有未盡事宜得隨時呈部修正

(二)蚌埠一帶土製捲菸價格及稅率概算表

土製每包支數	每包批發價目銅元數目	每包批發售價伸洋數目	每包應貼印花數目	每五萬枝批發價目	每五萬枝應納稅款數目
十枝	十八枚	四分七厘三毫	一分五釐	二百三十六元五角	七十五元
五十枝	二十枚	五分二厘六毫	一分七釐	五十二元六角	十七元
五十枝	二十四枚	六分三釐七毫	二分	六十三元七角	二十元
二十枝	三十二枚	八分四釐二毫	二分七釐	二百十元五角	六十七元五角

說明

第三欄每包售價伸洋數目係按照蚌埠洋價每洋一元合銅元三百八十枚之數折合

第四欄每包應貼印花數目係根據批發價值照新稅率值百抽三二五計算

（三）土菸調查表

烟厰名	所在地	成立日期	商標	價值	每日出品數	每日售出數	製造方法	已否註册	原料來源	裝頭	質料優劣

（四）土製捲菸特種印花式

内填×安徽省土製捲菸特種印花

財政部

照此式製版計分

一分　紅色
二分　綠色
五釐　藍色
七釐　紫色
四種

財政部安徽捲菸統稅局

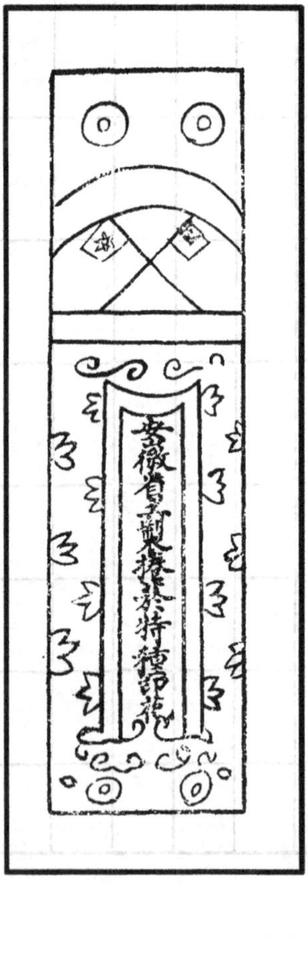

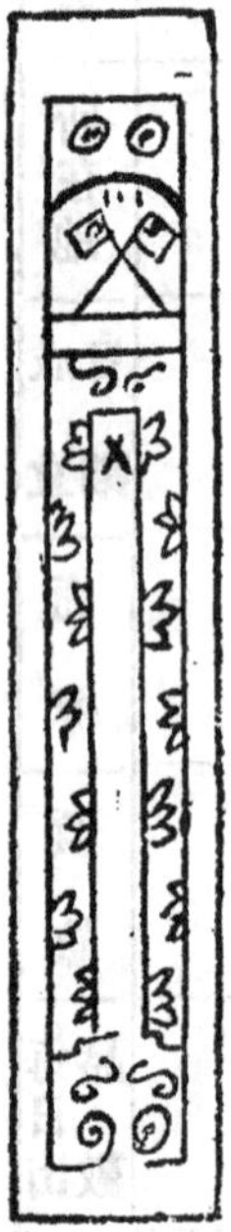

長三寸　闊半寸

英尺計四圍空白邊在外

第八節　取締妨碍統稅各項

凡興利必以除弊爲先裕課尤以恤商爲本自開辦統稅以來有弊在菸廠者有弊在查驗所者且有各省不明統稅性質而任意重征者皆足以妨礙統稅之進行禁而止之約有三端（一）曰禁出零菸緣統稅以整箱出廠爲原則箱裝以五千枝菸爲起點各菸公司每將不足五千枝之零菸隨時私運出廠取攜甚便不可勝防積少成多走私匪細故特規定取締辦法由各菸公司自具願書如有零星出廠一經查實漏稅之菸作價充公並處以三十倍之罰金一面責成區管理員注意查察有犯必懲究之避稅甚輕處罰甚重權衡利害咸有戒心況近來開箱零售必須經過查驗所蓋戳是對於零菸又多一重取締矣（二）曰禁收規費各省查驗所多係就特稅機關改組辦事人員溺於積習對於已完統稅貼花菸件未免仍收規費亦有明知故昧巧立查驗費或扛抬費等名目奸商則因緣爲利而使正當之菸商獨蒙其害迭經嚴切警告派員密查一經發覺從重懲處風行雷厲而以身試法者希矣（三）曰禁止重徵當統稅開辦伊始各省稅收機關往往不明統稅性質於原徵統稅不即取銷且從前特稅大半充教育基金原屬省欵因省費之竭蹶遂擅行重徵以應急在在足爲辦理統稅進行之障礙明知財政困難萬方一概惟施行統稅不得重徵他項稅捐

條例合約皆有明顯條文中央威信所關萬難遷就是經捲菸統稅處函電交馳明白解釋嚴令禁止漸就軌範但此不過爲過渡期間必經之階級一經查禁旋卽取銷尙不足爲深患也

第五章　實行加稅

捲菸統稅自十七年二月開辦以來次第整理稅收日有起色惟施行區域不過蘇浙閩皖贛五省亟應設法推廣使全國一致以蘇商困而裕稅源從前南北諸省抽收特稅往往有值百抽五十以至七十以上者菸商之困也久矣第特稅稅率甚高若一律令其減輕以就統稅自非將統稅稅率量予提高無以保持其均衡乃於是年十一月間召集華洋菸商討論加稅問題當經一致贊同遂决定以十二月一日爲實行加稅之期於是議定稅率改訂條例修正合約逐節分述以資考證焉

第一節　加稅稅率之决定

國製品稅率原定爲百分之二二五舶來品稅率原定爲百分之二十已於第三章第一節詳述理由惟舶來菸件進口之數日見增加若不將稅率稍示差異殊非維護國貨之道故此次加稅舶來品除徵關稅七五外與國製品一律再徵統稅百分之三二五於十七年十二月一日開始征收附列捲菸及雪茄菸統稅應征稅額表於後

(一)捲菸統稅應征稅額表

稅價等級		登記批發售價		海關估價			應納稅銀	
一等	每千枝值關平銀十二兩五錢以上	一〇五二	以上	九三七	五〇〇	以上	四〇四	六二五
二等	每千枝值關平銀八兩五錢以上至十二兩五錢	七一四	以上	六三七	五〇〇	以上	二五八	三七五
三等	每千枝值關平銀六兩五錢以上至八兩五錢	五四六	以上	四八七	五〇〇	以上	一八五	二五〇
四等	每千枝值關平銀四兩五錢以上至六兩五錢	三七八	以上	三三七	五〇〇	以上	一三六	五〇〇
五等	每千枝值關平銀三兩以上至四兩五錢	二五二	以上	二二五	〇〇〇	以上	九二	六二五
六等	每千枝值關平銀一兩五錢以上至三兩	一二六	以上	一一二	五〇〇	以上	五三	六二五
七等	每千枝值關平銀一兩五錢或以下	一二六	以下	一一二	五〇〇	以下	二九	二五〇

(二)雪茄菸統稅應征稅額表

等級	稅價等級	新海關稅率以一千枝爲單位（兩）		應納每千枝統稅銀（元）		印花種類	每張五十枚稅額
一	每千枝值關平銀四十兩以上	四兩	五〇〇〇	二九元	二五〇〇〇	五十支 廿五支	七三·一二五 三六·五六二五
二	每千枝值關平銀二十兩以上	一	九五〇〇	一二	六七五〇〇	五十支 廿五支	三一·六八七五 一五·八四三七五
三	每千枝值關平銀十兩以上	一	一二五〇	七	三一三〇〇	五十支 廿五支	一八·二八二五 九·一四一二五
四	每千枝值關平銀五兩以上	〇	五六二五	三	六五六〇〇	五十支 廿五支	九·一四 四·五七
五	每千枝值關平銀三兩以上	〇	三〇〇〇	一	九五〇〇〇	五十支 廿五支	四·八七五 二·四三七五
六	每千枝值關平銀三兩以下	〇	二二五〇	一	四六三〇〇	一百支 廿五支	七·三一二五 一·八二八七五

第二節　條例合約之修正及辦理加稅之經過

稅率既已增加其征收捲菸統稅條例內關於稅率之第三條當經財政部呈准行政院改訂公布英美烟公司之合約並照新定稅率修正自十二月一日實行日起於兩年以內繼續有效不再增加惟各公司因捲菸定期加稅於十一月間加工充分製造並將國外菸件先期運輸來華查核是月出品及進口菸料數量突然猛進超過平時倍餘是月售出印花計多銷一百四十餘萬元之多菸商以舊稅存貨山積請求暫緩實行加稅政府體恤商艱特准各菸商將購存統稅舊花在十七年十二月以前仍可貼用出廠逾期無效惟購領舊稅印花則仍從十二月一日起完全停售以符法令所有改訂條文及公司承認函件一併附後

(一)改訂征收條例之第三條

第三條　凡一切進口之捲菸及以烟葉製成之貨品除繳納中國海關進口稅計百分之七五外應按照海關估價另納捲統稅百分之三十二五凡一切在本國境內設廠製造之貨品應由主管機關以海關估價爲標準徵收捲菸統稅百分之三十二五准其在施行統稅各省及將來施行統稅各省行銷不再重徵他項任何性

貿之捐稅

(二)英美菸公司承認之公函

敬啓者接准民國十七年十一月二十六日
台函關於修改國民政府民國十七年一月十八日所頒布徵收捲菸統稅條例弟三條之稅率一事茲敝公司願將運往江蘇浙江安徽福建江西及此後施行此種稅則及其條件各省內所銷售之菸貨依左列條款繳納下開修改之稅率敬請
查照爲幸此上

英商駐華英美菸公司(有限公司)謹啓

國民政府財政部宋部長

董事柏思德

第一條　進口菸貨納稅率

海關稅及附加稅　値百抽七·五

國民政府統稅　値百抽三二·五

國內製造菸貨納稅率

國民政府統稅　値百抽三二·五

統稅應照海關估價等第計算如下

貨物名稱		納稅單位及稅額
紙菸		關銀
甲	每千枝值關銀十二兩五錢以上及每菸枝上未印有菸牌或名稱者	八錢三分
乙	每千枝值關銀八兩五錢以上至十二兩五錢	每千枝　五錢三分
丙	每千枝值關銀六兩五錢以上至八兩五錢	每千枝　三錢八分
丁	每千枝值關銀四兩五錢以上至六兩五錢	每千枝　二錢八分
戊	每千枝值關銀三兩以上至四兩五錢	每千枝　一錢九分
己	每千枝值關銀一兩五錢以上至三兩	每千枝　一錢一分
庚	每千枝值關銀一兩五錢或以下	每千枝　六分

按照上列等第計算每等所應納統稅如左

進口及國內製造紙菸

頭等每五萬枝箱	四〇四·六二五元
二等每五萬枝箱	二五八·三七五
三等每五萬枝箱	一八五·二五〇

四等每五萬枝箱　一三六・五〇〇
五等每五萬枝箱　九二・六二五
六等每五萬枝箱　五三・六二五
七等每五萬枝箱　二九・二五〇

第二條　統稅之徵收用購領印花辦法其印花由國民政府供給凡運銷貨物於施行統稅各省及將來施行統稅省分時公司須將印花貼於箱上

第三條　因繳納上開稅率之關係所有對於菸貨徵收任何性質之其他現行各稅一律取銷又在本辦法有效期內除依第一條所列舉各種稅率外不得別有課徵

第四條　購領印花欵項公司須於每月月底後從速結算清繳

第五條　在適用統稅範圍各省內如有向公司貨物徵收第一條所列舉各稅以外之捐稅時公司得將此項捐稅數目於每月繳欵內扣抵

第六條　如貼有印花之貨物未能售出因而銷毀時公司應收回購買該項印花之費凡當地稅局局員出具正式印文載明印花數目並證明貨物業已銷毀者該印文應認爲可以收回印花費之確實證據或公司遇必要時將貼有印花之貨物□

本約所括省區轉運往不適用統稅各地經公司代理人申請後當地稅局須發給印文註明轉運事項並證明所納統稅印花數目應由公司收回

第七條　公司貨物所運往之省分無須繳納第一條所定統稅惟須經過適用統稅省分者應給予憑照准其免除任何性質之捐稅如貨物經過此項省分被徵收捐稅時該捐稅須如數償回公司

第八條　進口菸貨及國內製造菸貨運往本約所不包括之地點或運往外國者應免繳本約所載之統稅

第九條　如他公司菸貨於稅務上享受優越待遇則公司應享受同等待遇并得將公司與他公司所納稅率間之差數於按月繳款內扣除之

第十條　本約第一條所定稅率及第二條至第九條所定各種納稅之條件自民國十七年十二月一日起實行並自實行之日起算兩年間均繼續有效

（三）雪茄菸公司承認之公函

敬啓者接准民國十七年十二月二十七日

台函內開關於十一月二十六日函中所稱修改民國十七年一月十八日之徵收捲菸稅

稅條例第三條亦適用於雪茄菸等語茲敝公司願將運往江蘇浙江安徽福建江西及此後施行此種稅則及其條件各省內所銷售之雪茄菸依左列條款繳納下開修改之稅率

敬請

查照爲幸此上

國民政府財政部宋部長

英國（駐華）英美菸公司（有限公司）謹啓

董事柏思德

中華民國十七年十二月二十七日

第一條　進口雪茄菸納稅率

海關稅及附加稅　值百抽七·五

國民政府統稅　值百抽三二·五

國內製造雪茄菸納稅率

國民政府統稅　值百抽三二·五

統稅應照海關估價等第計算如下

貨物名稱　納稅單位及稅額

雪茄菸	每千枝	關銀
甲	每千枝值關銀四十兩以上者	四兩五錢
乙	每千枝值關銀二十兩以上至四十兩	一兩九錢五分
丙	每千枝值關銀十兩以上至二十兩	一兩一錢二分五釐
丁	每千枝值關銀五兩以上至十兩	五錢六分二釐五毫
戊	每千枝值關銀三兩以上至五兩	三錢
已	每千枝值關銀三兩以下	三錢二分五釐

按照上列等第計算每等所應納統稅如左

進口及國內製造雪茄菸

第一等	二九・二二五元
第二等	一二・六七五
第三等	七・三一三
第四等	三・六五六
第五等	一・九五

第六等

一·四六三

第二條　統稅之徵收用購領印花辦法其印花由國民政府供給凡運銷雪茄菸於施行統稅各省及將來施行統稅省分時須將印花貼於盒上

第三條　因繳納上開稅率之關係所有對於雪茄菸徵收任何性質之其他現行各稅一律取銷又在本辦法有效期內除依第一條所列舉各種稅率外不得別有課徵

第四條　購領印花款項公司須於每月月底後從速結算清繳

第五條　在適用統稅範圍各省內如有向公司雪茄菸徵收第一條所列舉各稅以外之捐稅時公司得將此項捐稅數目於每月繳款內扣抵

第六條　如貼有印花之雪茄菸未能售出因而銷毀時公司應收回購買該項印花之費凡當地稅局局員出具正式印文載明印花數目並證明貨物業已銷毀者該印文應認爲可以收回印花費之確實證據或公司遇必要時將貼有印花之雪茄菸自本約所括省區轉運往不適用統稅各地經公司代理人申請後當地稅局須發給印文註明轉運事項並證明所納統稅印花數目應由公司收回

第七條　公司雪茄菸所運往之省分無須繳納第一條所定統稅惟須經過適用統稅省

分者應給予憑照准其免除任何性質之捐稅如雪茄菸經過此項省分被徵收捐稅時該捐稅須如數償還公司

第八條　進口及國內製造之雪茄菸運往本約所不包括之地點或運往外國者應免繳本約所載之統稅

第九條　如他公司之雪茄菸於稅務上享受優越待遇則公司應享受同等待遇并得將公司與他公司所納稅率間之差數於按月繳款內扣除之

第十條　本約第一條所定稅率及第二條至第九條所定各種納稅之條件自民國十八年（卽一九二九年）一月一日起實行並自實行之日起算兩年間均繼續有效

第三節　舶來品分等估價標準之更正

捲菸統稅分爲七等征收所有菸件批發售價之標準原係按照海關估價伸算而定其計算方法係以一·一二乘海關估價（原估價100＋海關免稅部份.07＋海關稅.05＝1.12）自海關進口稅改爲百分之七·五後統稅分等標準亦卽隨之更改以期符合原案其計算方法應從（100＋.07＋.075＝1.145）遂於十八年七月將捲菸納稅標準以一·一四五

仲算海關估價重行核定公布至雪茄菸原係分六等征稅自海關加稅其折算售價標準因亦有所更正兩表一併附後

(一)捲菸統稅分等征收標準及稅額表

等級	每千枝海關估價(關平銀)	每五萬枝海關估價(銀元)	以一，一四五乘海關估價作爲登記之批發售價	應納統稅銀數
一等	十二兩五錢以上	九三七元五角以上	一〇七三元四角四分以上	四〇四·六二五元
二等	八兩五錢以上	六三七元五角以上	七二九元九角四分以上	二五八·三七五元
三等	六兩五錢以上	四八七元五角以上	五五八元一角九分以上	一八五·二五元
四等	四兩五錢以上	三三七元五角以上	三八六元四角四分以上	一三六·五元
五等	三兩以上	二二五元以上	二五七元六角三分以上	九二·六二五元
六等	一兩五錢以上	一一二元五角以上	一二八元八角一分以上	五三·六二五元
七等	一兩五錢以下	一一二元五角以下	一二八元八角一分以下	二九·二五元

（二）雪茄菸統稅分等征收標準及稅額表

等級	海關每千枝估價（關平銀）	以一，四五乘海關估價仲為登記之批發售價（銀元）	每千枝應納稅銀
一等	四十兩以上	六八元七角以上	二九·二五元
二等	二十兩以上	三四元三角五分以上	一二·六七五元
三等	十兩以上	一七元一角八分以上	七·三一三元
四等	五兩以上	八元五角九分以上	三·六五六元
五等	三兩以上	五元一角五分以上	一·九五元
六等	三兩以下	五元一角五分以下	一·四六三元

(三)國製紙菸稅銀比較表

國製紙菸稅銀比較表　　(每五萬支計算)　　十八年九月編

稅等率級	關價標準	二二五稅率		三二五稅率舊等		三二五稅率新等		備考
		售價	稅銀	價售	稅銀	售價	稅銀	
一	$937.600	$1052以上	$280.125	$1052以上	$404.625	$1073.440以上	$404.625	
二	$637.500	$714以上	$178.875	$714以上	$258.375	$729.940以上	$258.375	
三	$487.500	$546以上	$128.250	$546以上	$185.250	$558.160以上	$185.230	
四	$337.500	$378.以上	$94.500	$378以上	$136.500	$386.440以上	$136.500	
五	$225.000	$252以上	$64.125	$252以上	$92.625	$257.630以上	$92.625	
六	$112.500	$126以上	$37.125	$126以上	$53.625	$128.810以上	$53.625	
七	$112.500	$126以下	$20.25	$126以下	$29.250	$128.810以下	$29.250	

(四)國製雪茄菸税銀比較表

國製雪茄菸税銀比較表　(每千枝計算)　十八年九月編

税等率級	海關估價	二二五税率	三二五税率舊等	三二五税率新等		備考
		税銀	税銀	售價	税銀	
一	H.K.両40.以上	$20.250	$29.250	$68.700以上	$29.250	
二	H.K.両 20以上	$8.775	$12.675	$34.350以上	$12.675	
三	H.K.両10.以上	$5.063	$7.313	$17.180以上	$7.313	
四	H.K.両.5.以上	$2.531	$3.656	$8.590以上	$3.656	
五	H.K.両 3.以上	$1.350	$1.950	$5.150以上	$1 950	
六	H.K.両 3.以下	$1.013	$1.463	$5.150以下	$1.463	

(五)舶來紙菸稅銀比較表

舶來紙菸稅銀比較表

（每千枝計算）　　十八年九月編

稅等率級	海關估價	二〇稅率	三二五稅率	備考
		稅銀	稅銀	
一	H.K.雪12.5以上	$4.980	$8.0925	
二	H.K.雪8.5以上	$3.180	$5.1675	
三	H.K.雪6.5以上	$2.280	$3.7050	
四	H.K.雪4.5以上	$1.680	$2.7300	
五	H.K.雪3.0以上	$1.140	$1.8525	
六	H.K.雪1.5以上	$.660	$1,0725	
七	H.K.雪1.5以下	$.360	$.5850	

(六)舶來雪茄菸稅銀比較表

舶來雪茄菸稅銀比較表

(每千枝計算)　　十八年九月編

稅等 率級	海關稅價	二〇稅率	三二五稅率	備考
		稅銀	稅銀	
一	H.K.㎝40以上	$18000	$29.250	
二	H.K.㎝20以上	$7 800	$12.675	
三	H.K.㎝10.以上	$4 500	$7.313	
四	H.K.㎝5.以上	$2.250	$3.656	
五	H.K.㎝3.以上	$1.200	$1.950	
六	H.K.㎝3.以下	$.900	$1.463	

第六章　擴充統稅區域

捲菸統稅自增加稅率以來稅收狀況固較昔日爲優惟僅止五省實行（蘇浙閩皖贛）範圍至爲狹小山東雖於十七年六月先行開辦但事實上障礙殊多名實不能相副（詳第三節）捲菸統稅處負施行專責無日不在考慮之中種種規畫咸注意於稅政統一風聲所樹感應如響迭據各省菸商團體文電交馳無不瀝情呼籲請求速改統稅以除苛捐故自十八年四月西征軍底定武漢湖北首先改辦湖南繼續施行由是而河北而山東全境一律開辦茲者廣東又經公布實行廣西河南均在積極籌備成效亦稍稍可覩矣

第一節　湖北湖南開辦統稅之經過及其組織

湖北省捲菸稅率原係仿辦統稅轉移之間本甚簡易第在十八年四月以前省自爲政由武漢政治分會自製印花收稅發貼其由滬運銷菸件仍照免稅區域辦理迨武漢肅清事權統一始克簡派正副局長收回整理宣布自四月十六日起劃歸中央統稅範圍武漢舊花即日廢止凡菸件由滬運漢一律在滬完稅貼花方准起運其漢口設廠製造之菸則由

該省局就廠征稅運銷各地約計滬漢兩地稅收每月在五十萬元上下惟霉菸退稅因舊花廢止關係不免糾紛迭據英美公司一再函請承認當以武漢政治分會所製印花本非合法濫發尤多若予承認勢必搖動庫劵基金之信用且處理霉菸係依條例及合約之規定該公司所購武漢印花尚在未施行統稅以前何能發生效力始終拒絕未予退稅若驗係部頒印花不在此例又湖南與湖北毗連自鄂省改組就緒卽已電令湘省於五月廿一日起宣布實行但湖南並無菸廠所有運湘菸件旣經滬漢貼花運售湘省一無收入是經查明按月收數由鄂省於稅收項下每月補助六萬元由湘局領回按欵支配核定册報湘局專司查驗補稅之責而已此兩湖開辦經過之情形也

湖北捲菸統稅局查驗所暨查驗分所一覽表

名稱	等級	地址	組織成立日期
老河口查驗所	一等	老河口	十八年四月十六日
沙市查驗所	一等	沙市	同上
宜昌查驗所	一等	宜昌	同上
大智門查驗所	二等	大智門	同上

皇經堂查驗所	二等	皇經堂	同上
漢關查驗所	二等	漢關	同上
樊城查驗所	二等	樊城	同上
武穴查驗所	二等	武穴	十八年四月十六日
武昌查驗所	三等	武昌	同上
鮎魚套查驗所	三等	鮎魚套	同上
徐家棚查驗所	三等	徐家棚	同上
漢陽查驗所	三等	漢陽	同上
廣水查驗所	三等	廣水	同上
鄖縣查驗分所		鄖縣	十八年四月廿五日
荊州查驗分所		荊州	同上
宜都查驗分所		宜都	同上
劉家廟查驗分所		劉家廟	十八年四月二十日
蔡甸查驗所		蔡甸	同上

名稱	等級	地址	組織	改組成立日期
諶家磯查驗分所		諶家磯		同上
襄陽查驗分所		襄陽		十八年四月廿五日
黃石港查驗分所		黃石港		十八年四月二十日

湖南捲菸統稅局查驗所一覽表

名稱	等級	地址	組織	改組成立日期
長沙第一查驗所	一等	長沙太平門外	主任一員　查驗員一員　稽查二員　巡士十六名　公役一名	十八年九月一日
長沙第二查驗所	二等	長沙小吳門外	主任一員　稽查一員　巡士六名　公役一名	同上
岳州查驗所	三等	岳州城外	主任一員　辦事員一員　巡士三名　公役一名	十七年九月成立
常德查驗所	三等	常德河街	主任一員　辦事員一員　巡士一名　公役一名	同上
津市查驗所	三等	津市	主任一員　辦事員一員　巡士一名　公役一名	同上
梅田湖查驗所	三等	梅田湖河街	主任一員　辦事員一員　巡士二名　公役一名	同上

第二節　河北省開辦統稅之經過及其組織

河北省為舊京兆北直隸轄境亦即民國舊都十七年六月間北伐告成經捲菸統稅處派

員先將舊都菸酒稅署關於捲菸稅一部分之卷宗接收保管隨將天津捲菸稅局及京兆吸戶捐局次第接收改設河北捲菸稅局於是年七月二十一日在天津成立並於北平（卽舊京兆）另設駐平辦公處以舊京兆區各分局劃歸該處直接管轄訂有暫行組織大綱此爲河北局最初之組織惟障礙未除施行匪易考察該省原定捲菸稅率分二五內地稅六五軍事捐及廠花三種又有所謂吸戶捐者遞增至百分之四十最爲統稅之阻力至二五五六原屬中央國稅不成問題吸戶捐則由省府管轄市府征收專充教育基金之用（查吸戶捐於民國十四年創辦因教育經費難籌遂將此項基金分配各校爲每月應支之欵）若改辦統稅自須整齊劃一方符統稅原則況提高稅率取締重征尤非取消雜捐不足以維政府信用惟吸戶捐爲全省教育所係並牽涉其他政費發生種種糾紛遷延半載未克解決致使中央及地方各方面均感受無窮損失嗣經財政部悉心考察通盤籌畫爲尊重中央威信並顧全各方困難起見妥擬平允辦法規定每月由國庫收入撥助省教育費七萬元北平天津兩市府各三萬元由河北省府及平津兩市府將全省全市吸戶捐完全交由稅局接管以便改辦統稅無論何地機關何項稅捐不得再有重征自此以往不特國庫收入可期整理增加卽地方行政亦不致因之停頓擬具提案呈奉

國民政府行政院於十八年二月五日十四次行政會議議決通過照案執行由院令行河北省府及平津市府遵辦一面由局妥向各方接洽往返磋商省府暨津市因教育協款綜計不敷卒由部加給各三萬元定案十八年五月一日宣布實行照統稅章程辦理其時各地駐軍間有重征菸稅者情形亦甚複雜由財政部電請軍政部嚴令制止並電飭各編遣區一體協助至秦皇島暨灤東五縣原爲河北轄境已由遼甯省於軍事時代派員設局征收濟餉河北既已定期改辦自應同時實行又經財政部電准遼甯省府撤銷捐局完全收回省區既已統一設置尤賴通籌河北區域遼闊陸程則有平漢津浦兩路縱於東南北甯平綏兩路橫於西北兄車馱裝儎亦復絡繹不絕於途水程則有運河海河灤河滹沱河各道概由民船裝運又有大沽秦皇島各口均由輪船往來水陸交衝四通八達走私漏稅在在堪虞况河北銷場甚廣商家躉貨最多改辦伊始調查存菸補繳稅欵手續至爲繁重是以試辦期內機關較密職員較多計設置一等查驗所六曰北平曰秦皇島曰塘沽曰勝芳曰豐台曰唐山二等查驗所八曰保定曰石家莊曰泊頭曰滄縣曰順德曰大名曰南宮曰東明三等查驗所六曰涿縣曰昌平曰河間曰高邑曰磁縣曰濮陽此外於相當地點附設查驗分所二十處以期周密迨三個月試辦期滿考察已周卽令酌量裁併於八月一日實

行改組因天津菸廠林立爲商務總匯之區貨多事繁呈准於總局所在地添設查驗所一處其他設查驗所六分所五原設塘沽等處查驗所悉行裁撤各分所亦一律取銷另於塘沽勝芳等二十二處各設派出查驗員一人扼要查緝以杜偷漏而資節省(詳一覽表)此河北開辦之經過也

河北捲菸統稅局各查驗所分所組織及地址一覽表

名稱	組織：所組織	組織：附屬派出查驗員	等級	地址	改組成立日期
天津查驗所	所長一員股長二員股員六員事務員二員書記二人查驗員十六員巡目一名巡丁四十名工丁六名	派出塘沽查驗員一處派出勝芳查驗員一處		天津	十八年八月一日
秦皇島查驗所	所長一員事務員三員稽查員二員書記一人巡目一名巡役三名工丁三名	派出遵化查驗員一處派出樂亭查驗員一處		秦皇島	八月一日
豐台查驗所	仝上	派出通縣查驗員一處派出密雲查驗員一處派出廊坊查驗員一處派出南口查驗員一處派出涿縣查驗員一處		宛平縣豐台車站	八月一日
石家莊查驗所	仝上	派出高邑查驗員一處派出深澤查驗員一處派出井陘查驗員一處		獲鹿縣石家莊	八月一日

泊頭查驗所	仝上	派出滄縣查驗員一處派出河間查驗員一處派出吳橋查驗員一處派出衡水查驗員一處派出鄭家口查驗員一處派出辛集鎮查驗員一處		交河縣泊頭鎮	八月一日
邯鄲查驗所	仝上	派出磁縣查驗員一處派出曲周查驗員一處派出順德查驗員一處		邯鄲縣	八月一日
東明查驗所	仝上	派出濮陽查驗員一處		東明縣	八月一日
唐山查驗分所	分所長一員事務員一員稽查員一員巡役二名巡丁二名			豐潤縣唐山鎮	八月一日
北平查驗分所	仝上			北平特別市	八月一日
保定查驗分所	仝上			清苑縣保定市	八月一日
大名查驗分所	仝上			大名縣	八月一日
南宮查驗分所	仝上			南宮縣	八月一日
說明	表列派出查驗員每處各有巡役一名工丁一名合註明				

第三節　山東開辦統稅之經過及其組織

山東捲菸統稅局於十七年六月間卽已在泰安成立試辦統稅惟其時濟南日軍尚未撤退青島爲菸廠薈萃之區以對日交涉之故秩序未復烟台爲渤海門戶商務繁盛津滬菸件咸於是焉進出又以雜色軍隊麕集其間不明條例紛紛巧立名目另行設立機關征收稅欵省區既未統一辦理已感困難乃山東省政府復以災賑爲名擅辦捲菸吸戶慈善捐征收百分之二十與統稅之原則相抵觸乃益爲進行之障礙辦理經年成績絕鮮經過情形至爲複雜迨十八年五月始將吸戶捐一項經部處函電解釋由省府自動取消爲開辦之初步同時濟案解决青島已設立查驗所由該所招集各公司商訂臨時辦法(一)未施行統稅區域如大連哈爾濱等處由局發給免稅運照交該公司隨菸轉運(二)省內尚未改辦統稅設立查驗所之煙台濟南等處均酌照免稅區域辦理呈部暫予准行並將省局移設青島正式組織惟煙台卽墨臨淄城陽一帶仍由駐軍分配雖派員設所效等於零卒由財政部月撥協餉三十萬元交由省政府收編結束始告完全統一將煙台龍口查驗所分別正式組織自九月十日起實行統稅職權約計滬菸收入每月四萬餘元而在青島設廠製造或入口者由該省直接征收約二十餘萬元惟威海衞免稅區域每月運往該處免

稅菸件合江蘇河北山東計算爲數至巨以英美占大多數而調查威埠商務並非繁盛捲菸行銷不甚發達顯有私運統稅區域情弊不特附近各省稅收受其影響且有運回上海以牟厚利者其妨害蘇省稅收實鉅自非特別取締不足以塞漏巵英美公司雖允提高該地菸價尚非根本解決辦法當查威海背山瀕海海濱均爲租借之區凡航行上海天津青島各輪船均須在該處停泊往往以免稅之菸混裝他貨分運上海租界或青島天津各埠至魯省內地如八角口蓬萊及龍口一帶則多用帆船漁艇於鄉僻之區輾轉分運爲私菸走漏之最大原因取締之法凡請領威海免稅運照必須將隨菸運輸聯經威海衛查驗分所蓋戳證明限若干天繳回核銷如逾限不繳或繳驗不符概須補征稅款仍照漏稅處罰並永遠停發威埠免稅運照另刊戳記蓋於照上責成領照菸廠負責遵辦迨菸件到威報由查驗分所登記並派員監視入棧拆箱逐條逐聽加蓋免稅戳記方准在該免稅區域內行銷似此則免稅之菸顯有標識私運之弊或可漸絕此山東開辦統稅之經過情形也

山東捲菸統稅局查驗所暨查驗分所一覽表

名稱	等級	地址	改組成立日期
烟台查驗所	一等	烟台正陽街	十八年六月四日

濟南查驗所	一等	濟南小緯六路	十八年五月二十五日
濰縣查驗所	二等	濰縣慶城門米市街	十八年五月十二日
德州查驗所	二等	德州城內	十八年四月一日
濟甯查驗所	二等	濟甯塘子街	仝上
滕縣查驗所	三等	滕縣車站	仝上
武定查驗所	三等	武定城內	仝上
臨清查驗所	三等	臨清西關外	十八年四月一日
泰安查驗所	三等	泰安財源街	十八年五月廿二日
龍口查驗所	三等	龍口東興街	十八年八月一日
臨沂查驗所	三等	臨沂城內	十八年五月十一日
日照查驗所	三等	石臼所	十八年十月九日
威海查驗分所			十八年八月二十六日

第四節 廣東開辦統稅之經過及其組織

廣東省捲菸向征特稅百分之五十為維持中幣起見准搭用四成中幣祗收八成現金（

一切俸薪餉項亦概以八成支付其酌劑在此）由菸酒印花稅局併征於省河潮梅兩地設立分局專辦捲菸稅務其他各屬均由印花稅局或縣署兼辦自部委財政特派員就職始將捲菸稅劃分另委捲菸統稅局長於十八年五月一日成立將省河潮梅兩分局於未辦統稅以前暫予保留另設鐵嶺瓊崖江門台山中山海陸豐一等查驗所六寶安西江高雷東隴黃崗二等查驗所五或爲濱海要區或與港澳接壤雖未按章組織而扼要查緝亦一時所不廢惟因粵省政費每月不敷甚巨由特派員一再電呈暫請緩辦統稅仍照舊率征收以三二五解中央以一七五解省庫經部核覆暫准照辦一面仍將統稅事宜妥爲籌備六月受軍事影響雖不日恢復而僞票發行甚多於是設法清理查蓋印戳限期銷清損失匪細對於改辦統稅事宜未免無形停頓迭據各菸商團體文電呼籲以稅率兩歧負擔獨重請速改辦俾慰商情財政部以該商等陳義甚正特令粵桂兩省積極籌備定期施行經財政部特定辦法四條（一）（稅收辦法）自公佈實行統稅後運粵菸件應一律就滬出廠貼花方准起運以符統稅原則惟爲體恤商艱免受經濟壓迫起見准予通融領花記賬在粵出棧時始照箱面花價向粵局繳納稅欵每屆月終由本處與粵局將領花繳稅數目互核註銷并明定限制凡運粵菸件每月須逾百箱以上始准覓具銀行担保領花記賬在

粵交欵其零星運銷者卽在滬以現款購花貼用不得記賬所有本處收過運粵菸稅仍按月照數撥還粵局以清界限至船來品直接運入粵口者卽由粵局來處領備印花就地購貼並就粵省海關設立駐關辦事處稽核進口菸件監視逐箱貼花(二)(開辦時期)至遲不得過十月一日凡在統稅前完過特稅已貼包花菸件應限期銷清不得退稅因特稅値百原征五十現改統稅征三二五已將稅率減輕不能追溯從前已完之稅其已運入粵境或現存棧未完特稅者統稅開辦後應先調查未貼包花存貨幷着菸商報明數目補完統稅准其一體行銷(三)(貼花問題)統稅本就廠按箱貼花卽准行銷惟粵省毗連港澳走私漏稅防不勝防且貼用包花已成習慣施行統稅後除由滬就廠貼箱花外到達時仍應依照從前特稅貼包花辦法改由查驗所拆箱逐包粘貼檢查證此項辦法卽與現行統稅區域之各查驗所逐條逐聽蓋戳無異既不苛擾且並不收費更不准勒索絲毫將來分銷時一經拆箱卽憑此檢查證爲證明已納稅之菸件以期杜絕私菸充銷而免查驗糾紛(四)(查驗手續)查粵省現行特稅查驗辦法係於菸件進口後須由菸商預領特許證到達時持證赴局報明派員前往點驗封存准其自行入倉迨銷售時始抬往檢查所開箱逐包貼花現在改辦統稅仍仿從前辦法由滬貼箱花發運照入口時卽持隨菸運輸聯赴

局報明派員點驗花貨相符准其入倉仍於銷售時抬赴查驗所照箱面花價繳清稅欵卽由查驗所雇工開箱監視逐包粘貼檢查證始准行銷如在市面發現整箱無箱花拆箱零售無逐包貼檢查證者卽屬私菸如此既可杜絕走漏且與粵省從前辦法無大差異一轉移間而統稅卽可成立矣旋以百箱以上範圍太泛月底繳欵限制少嚴爲曲體商情起見又爲斟酌盡善妥爲更正計分兩點（一）原定凡每月運銷廣東菸件滿一百箱以上之各公司得覓具殷實銀行担保准其記賬領花茲查每月能銷粵菸百箱之公司甚衆且百箱之菸不問等第非特有欠公平抑亦範圍太泛現應更正爲凡記賬之公司應以每月運銷廣東菸件其所負納稅義務恆在五千元以上者爲限其每月記賬之數約有若干元卽由殷實銀行出具若干元之擔保書繳存以爲信守每月記賬數目仍不得超過銀行擔保之數至每月運粵菸件納稅義務不及五千元之公司仍應現欵購花以嚴限制（二）原定此項記賬之欵應於按月二十五日清結儘於月底由欠賬公司如數逕繳廣東捲菸統稅局核收此項月結辦法若菸貨出倉無期公司須先墊稅在營業方面不無感覺困難本處現爲曲體商艱起見特准通融不必限於月底繳欵應俟菸貨在粵出倉由查驗所逐包加貼檢查證行銷時再行分次繳欵質言之卽係菸件出倉若干箱卽向粵局繳若干箱之

稅由粵局填具三聯收據一紙除存根外以一聯由局逕行繳處備案以一聯發給繳欵之菸公司收執菸公司卽於每月月底將此項繳欵收據彙繳本處以憑抵銷其領用印花時所欠之欵似此辦理實予菸商以莫大之便利分別電函稅局及中外菸公司遵辦並另備加蓋廣東省名之印花專供行銷廣東菸件之用積極籌備展緩至十一月一日宣布實行從前組織已不適用且香港澳門廣州灣等處實爲私貨來源廣東全省除南韶連肇梅五屬外地多濱海處處可通輪渡帆船朝發夕至火車絡繹負戴載途查緝走私幾窮應付全賴扼要設置尙可防範於萬一省河（卽廣東省會）爲東西北三江之咽喉兩粵商務之樞紐銷菸最多稅收最旺往昔私菸原萃於此比來偵查嚴密遂改途先運四鄉分銷內地故將省河分局改設一等查驗所並於陳村市橋新塘三處各設分所而附屬於省河以期周密韓江爲閩粵之大河中貫潮梅上達汀汕爲其通海之處地方富庶銷菸甚廣故將原設潮梅分局改設一等查驗所惟近來私梟詭計百出每由香港廈門台灣等處運赴潮陽私銷潮揭惠普四縣故於潮陽東隴黃岡設分所三處歸潮梅查驗所管轄江門在珠江西岸爲新恩開台赤各邑商務之總匯原設江門查驗所改名四邑列爲二等仍設江門以資查驗而川北街公益斗山三分所屬焉瓊崖爲海島海口地方外與各處輪運相通內與各

縣公路相接商務殷盛甲於全島原設瓊崖查驗所列爲二等仍其舊貫而在舖前清瀾三亞臨高四處各設分所以輔其不逮又中山順德兩縣地極富庶尤以石歧爲最石歧爲中山縣署所在地係歧關路之終點水則與省港相通陸則與澳門相接其次則前山爲中山之門戶容奇爲順德商務之中心爰將中山查驗所改名中順二等查驗所而在前山容奇各設分所以協助之高雷兩屬計有九縣公路最多海運尤便而廣州灣實爲其咽喉私菸即萃集於此均由黃坡梅菉沈塘轉運而來蔴章又與廣州灣毗連特於黃坡沈塘蔴章各設分所一處高雷二等查驗所設於梅菉與該三分所聯絡一氣檢查較爲嚴密又欽廉四縣地處西陲幅幀雖小然南濱大海北接桂邊西鄰安南爲通海捷徑其海口厥爲北海乃港澳安南輪船經過停泊之所是將欽廉二等查驗所設置於此其防城縣屬之東興一帶與安南杧街接壤應設分所以資查驗又西江查驗所則管轄西江一帶由九江以迄桂邊而以九江都城兩分所屬焉海陸豐查驗所則管轄海豐陸豐兩縣而以平海分所屬焉東寶查驗所則管轄東莞寶安二縣而以石龍太平兩分所屬焉其陽春陽江兩縣因通海地點均在陽江是於該縣設立兩陽查驗所事務較簡皆列爲三等以節政費列表如下

廣東捲菸統稅查驗所分所一覽表

名稱	等級	地址	改組成立日期
省河查驗所	一等	廣州市	十八年十一月一日
潮梅查驗所	一等	汕頭	仝上
四邑查驗所	二等	江門	仝上
瓊崖查驗所	二等	海口	仝上
欽廉查驗所	二等	北海	仝上
中順查驗所	二等	石岐	仝上
高雷查驗所	二等	梅菉	仝上
海陸豐查驗所	三等	汕尾	十八年十一月十一日
西江查驗所	三等	河口	仝上
東寶查驗所	三等	深圳	仝上
兩陽查驗所	三等	陽江縣城	仝上
陳村查驗分所		陳村	仝上
市橋查驗分所		市橋	仝上

新塘查驗分所		新塘	仝上
潮陽查驗分所		潮陽	仝上
黃岡查驗分所		黃岡	仝上
東隴查驗分所		東隴	仝上
北街查驗分所		北街	仝上
公益查驗分所		公益	仝上
斗山查驗分所		斗山	仝上
清瀾查驗分所		清瀾	仝上
三亞查驗分所		三亞	仝上
臨高查驗分所		臨高	仝上
浦前查驗分所		浦前	仝上
東興查驗分所		東興	仝上
前山查驗分所		前山	仝上
容奇查驗分所		容奇	仝上

蘇章查驗分所	蘇章	仝上
黃坡查驗分所	黃坡	仝上
沈塘查驗分所	沈塘	仝上
平海查驗分所	平海	仝上
九江查驗分所	九江	仝上
都城查驗分所	都城	仝上
石龍查驗分所	石龍	仝上
太平查驗分所	太平	仝上

第五節　廣西河南等省籌備改辦之狀況

廣西山深峒密土燥民稀蠻煙瘴霧之鄉苗猺黎獞所居捲菸行銷數量較少省會雖在南寧而梧州扼兩粵咽喉爲交通要道自有清光緒二十二年闢爲通商口岸商務較盛故捲菸統稅局暫設梧州於十八年七月八日成立原設捲菸督銷局即於是日裁撤以南寧水陸交衝上通百色下達貴潯位置至爲重要龍州則依中法條約開闢商埠與法領諒山接壤鬱林博白均爲私菸從入之區故於梧州設分局一於南寧龍州鬱博分設查驗所三處

爲臨時之組織考察征稅性質有類專賣普通稅率爲百分之七十又附加一五建設經費較他省爲獨重其廣西紙菸製造廠出品爲省有營業僅征百分之十又較他省爲獨輕稅率低昂過巨爲菸商所詬病亟應改辦以維稅法之平均惟以軍事甫平省庫奇絀籌備統稅亦尚需時准予暫照舊率征收以三二五解繳國庫以三七五及附加一五均歸省有一俟廣東宣布實行卽行改辦十月中雖受軍事影響停發運照而地方秩序現已規復如常且廣東開辦有日已令該省繼續進行至河南統稅局於十八年九月二十一日始於開封成立其原定稅率計正稅爲百分之二十附加爲百分之八落地捐爲百分之十合計爲百分之三八名目繁多公私均感不便是於十月一日起首先改正稅率照統稅百分之三二五征收藉抒商困一面改良組織先期規畫緣河南綰轂中原毘鄰七省輪軌貫通商旅雜沓查緝偷漏素感困難常年輸入菸件漢口占十分之七上海占十分之二天津占十分之一南路自大勝關入境以達信陽分運至潢光五屬暨桐汝等縣駐馬店則分運至汝南各屬漯河設有菸廠一家許昌素產菸葉設有菸廠三處運銷達於禹襄魯郟其鄭縣當平漢汴洛兩路之會已闢南關爲商埠大宗之貨由此分運其在東路北路者則歸德彰德均爲入境首站水路則三河尖爲由皖入豫之口道口爲道淸鐵路運輸起點周口通淮又爲豫

東重鎭在在均關緊要因陝晉隣省尙未實行統稅指遠銷近防範尤不可不周計設置一等查驗所五曰信陽則武勝關分所屬焉曰漯河則駐馬店分所屬焉曰許昌曰鄭州曰歸德則蘭封分所屬焉二等查驗所四曰道口曰彰德則楚旺分所屬焉曰三河尖曰周口三等查驗所二曰南陽曰陝州則閿鄉分所屬焉規畫周妥卽可實行嗣因洛河一帶發生戰事改辦不無阻力現在軍事將告結束已飭定期於十九年一月一日公布實行統稅此廣西河南籌備改辦之狀況也

第七章

稅收狀況

夫稅收之消長恒視管理方法爲轉移國用之通籌尤以酌劑盈虛爲先務是則稅收狀況不特爲統計所必需亦足供考察計畫之得失而爲隨時改良之標準也捲菸統稅管理方法已如前列各章所述綜核名實循序進行收入逐漸增加自係當然結果本章所述經過狀況以十七年一月開辦日起至十八年十月份止爲起訖之點（十月以後各省表册未齊未便統計）又分改辦及加稅爲兩大時期收數則由寡而多區域則由狹而廣其用途係充國庫券基金爲國用預算中之大宗收入試就其辦理及整頓之經過以證其收數逐月遞增之成績將來統稅普及全國稅收激增正未有艾惟稅法可一成不變而稅政則與時推移是在管理之得人救濟之有道又非墨守者所能與於此也是用分述俾有所考證焉

附開辦以來各月稅收總數表比較表及各種表式

（一）捲菸統稅開辦以來各月稅收總數表（見插表）

(二)捲菸統稅開辦以來各月稅收比較表(見插表)

(三)捲菸統稅處印花稅票銷存日報表式(見插表)

(四)捲菸統稅處每月稅收比較報告表式(見插表)

(五)菸廠每月運銷捲菸征稅數目月報表式(見插表)

(六)雪茄菸廠每月運銷菸枝征稅數目月報表式(見插表)

(七)菸廠出倉捲菸及貼用印花日報表式(見插表)

(八)菸廠出倉捲菸實貼印花數目月計表式(見插表)

(九)雪茄菸廠實貼印花數目月計表式(見插表)

(十)各菸廠運銷捲菸及實貼印花統計表式(見插表)

(十一)駐關辦事處逐日征收稅欵報告表式(見插表)

(十二)江蘇省局具報調查各菸公司每旬出品銷售本埠及租界菸件數量表式(見插表)

(十三)江蘇省局具報各菸廠每旬銷售本埠及租界菸件數量統計表式(見插表)

第一節　改辦統稅時期收入之狀況

（一）捲菸統稅開辦以來各月稅收總數表

捲菸統稅開辦以來各月稅收總數表

年份	月份	稅收金額		備考
17	2	1,000,000	000	統稅開辦時向英美菸公司預借稅款一百萬即發印花一百萬元爲抵押作二月份稅款
	3	977,415	846	統稅開辦時向中國銀行借款一百萬元以印花一百萬元作抵押並由英美公司在三四兩月每月向該行購買五十萬元俾資清還是月稅款內有五十萬元即係英美向該行購花之款
	4	731,620	747	是月稅收內有五十萬元係英美公司向中國銀行購花之款，又查統稅開辦祇有五省範圍狹小且市存値百抽五十之菸甚多當時曾發一二五退稅證准各菸商於三四五六月搭三成購花故稅收不見起色
	5	701,444	855	
	6	691,884	151	
	7	852,672	903	十七年六月山東省開辦統稅因該省各地未能均就中央範圍窒礙甚多稅收總數略有加增爲數不鉅
	8	970,390	901	
	9	1,179,176	915	
	10	1,249,155	597	
	11	2,449,695	494	本處奉部令決於十七年十二月一日加稅爲値百抽三二・五各菸商以稅將加重紛紛加工製菸同時並請緩行本處爲體恤商艱特准各公司多購舊花准其在十七年年底前一體貼用故十一月份售出印花突然增加一百萬元
	12	1,634,012	018	
18	1	1,473,352	900	
	2	1,351,083	751	
	3	1,708,127	691	
	4	2,492,594	349	以前上海運銷湖北湖南兩省菸件均係免稅自本年四月十八日湖北湖南先後開辦統稅菸件應貼花運往故四月份稅收增多
	5	2,939,887	612	五月一日河北省復入統稅範圍滬菸銷河北不在少數故收入更形增多合計
	6	2,840,656	290	
	7	2,807,928	960	
	8	2,931,323	121	
	9	3,154,426	049	
	10	3,521,890	431	
合	計	37,658,740	581	

捲菸統稅開辦以來各月稅收比較表

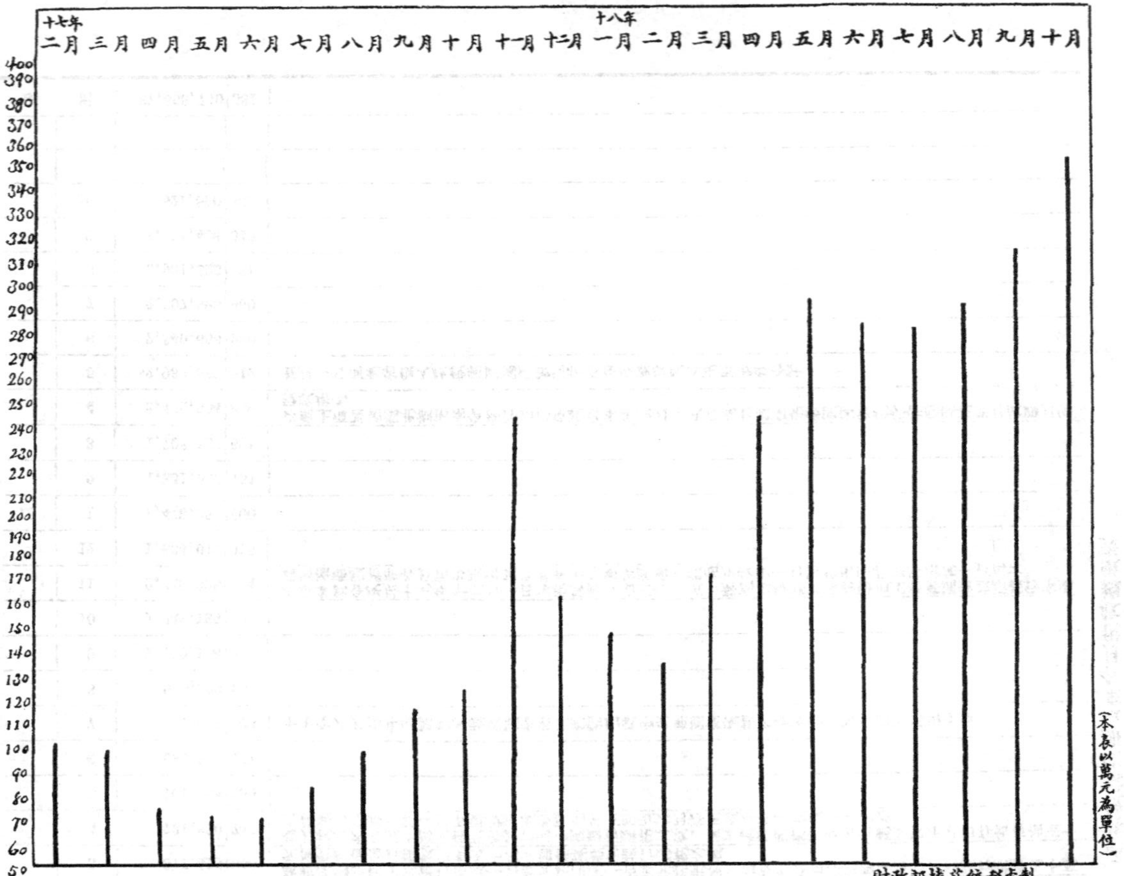

財政部捲菸統稅處製

財政部捲菸統稅處印花稅票銷存日報表

（第　　號）

民國　　年　　月　　日

類別	等級	舊管張數								新收張數								開除																		現存																		備考
																		張數								價值										張數								價值										
		百	十	萬	千	百	十	單	枚	百	十	萬	千	百	十	單	枚	百	十	萬	千	百	十	單	枚	百	十	萬	千	百	十	單	角	分	厘	百	十	萬	千	百	十	單	枚	百	十	萬	千	百	十	單	角	分	釐	
捲菸印花	一等																																																					
	二等																																																					
	三等																																																					
	四等																																																					
	五等																																																					
	六等																																																					
	七等																																																					
合計																																																						
雪茄菸印花	一等 25支																																																					
	一等 50支																																																					
	二等 25支																																																					
	二等 50支																																																					
	三等 25支																																																					
	三等 50支																																																					
	四等 25支																																																					
	四等 50支																																																					
	五等 25支																																																					
	五等 50支																																																					
	六等 25支																																																					
	六等 100支																																																					
合計																																																						
總計																																																						

科長　　　　會計股主任　　　　保管股主任　　　　會計股員　　　　主管員

（三）捲菸統稅處印花稅票銷存日報表式

(四)捲菸統稅處每月稅收比較報告表式

財政部捲菸統稅處稅收比較報告表

中華民國　　年　　月　　日　　　　（第　　號）

年		基委會售與英美數											本處門售數																																		共計											稅收實數										
													現售											欠繳											退稅或免稅																																		
月	日	千	百	十	萬	千	百	十	元	角	分	釐	千	百	十	萬	千	百	十	元	角	分	釐	千	百	十	萬	千	百	十	元	角	分	釐	千	百	十	萬	千	百	十	元	角	分	釐	千	百	十	萬	千	百	十	元	角	分	釐	千	百	十	萬	千	百	十	元	角	分	釐
	26																																																																		
	27																																																																		
	28																																																																		
	29																																																																		
	30																																																																		
	31																																																																		
	1																																																																		
	2																																																																		
	3																																																																		
	4																																																																		
	5																																																																		
	6																																																																		
	7																																																																		
	8																																																																		
	9																																																																		
	10																																																																		
	11																																																																		
	12																																																																		
	13																																																																		
	14																																																																		
	15																																																																		
	16																																																																		
	17																																																																		
	18																																																																		
	19																																																																		
	20																																																																		
	21																																																																		
	22																																																																		
	23																																																																		
	24																																																																		
	25																																																																		
總	計																																																																		

每月稅收比較

月份	基委會											本處現售											本處欠繳											共計										
	千	百	十	萬	千	百	十	元	角	分	釐	千	百	十	萬	千	百	十	元	角	分	釐	千	百	十	萬	千	百	十	元	角	分	釐	千	百	十	萬	千	百	十	元	角	分	釐
一月份																																												
二月份																																												
三月份																																												
四月份																																												
五月份																																												
六月份																																												
七月份																																												
八月份																																												
九月份																																												
十月份																																												
十一月份																																												
十二月份																																												

處長　　　　科長　　　　科員

(五)菸廠每月運銷捲菸征稅數目月報表式

菸廠　　月份運銷捲菸征稅數目月報表

類別 日期	運銷箱數	實貼印花等級及枚數							附記
		一等枚數	二等枚數	三等枚數	四等枚數	五等枚數	六等枚數	七等枚數	
1									
2									
3									
4									
5									
6									
7									
8									
9									
10									
11									
12									
13									
14									
15									
16									
17									
18									
19									
20									
21									
22									
23									
24									
25									
26									
27									
28									
29									
30									
31									
總計									印花總銀數
印花銀數									

計　　　　菸廠辦事員

注意　本表數目務須一律填寫亞拉伯數字

（六）雪茄菸廠每月運銷菸枝征税數目月報表式

雪茄菸廠　　月份運銷菸枝征税數目月報表

類別 日期	運銷枝數	實貼印花等級及枝數												附記
		二十五枝用						五十枝用					一百枝用	
		一等枝數	二等枝數	三等枝數	四等枝數	五等枝數	六等枝數	一等枝數	二等枝數	三等枝數	四等枝數	五等枝數	六等枝數	
1														
2														
3														
4														
5														
6														
7														
8														
9														
10														
11														
12														
13														
14														
15														
16														
17														
18														
19														
20														
21														
22														
23														
24														
25														
26														
27														
28														
29														
30														
31														
總計														印花總銀數
印花銀數														

駐　　　雪茄菸廠辦事員

注意　本表數目務須一律塡寫亞拉伯數字

（七）菸廠出倉捲菸及貼用印花日報表式

注意　本表須一律用亞拉伯數字塡寫淸楚不得錯誤

菸廠出倉捲菸及貼用印花日報表

第　　號第　　張　　　　　　　　年　　月　　日

牌名	價値等級	每箱枝數	出倉捲菸箱數	實貼印花枚數	印花號碼	運送地點	附記

印花統計	等級	一等	二等	三等	四等	五等	六等	七等	
	每枚稅額	40.4625	25.8375	18.5250	13.6500	9.2625	5.3625	2.9250	

註　　　　　菸廠辦事員

江蘇捲菸統稅總局各廠出倉捲菸實貼印花數目月計表

菸廠　　　　　　　　　　　　　　　　年

月	日	實貼印花等級數目							備考
		一等枚數	二等枚數	三等枚數	四等枚數	五等枚數	六等枚數	七等枚數	
	1								
	2								
	3								
	4								
	5								
	6								
	7								
	8								
	9								
	10								
	11								
	12								
	13								
	14								
	15								
	16								
	17								
	18								
	19								
	20								
	21								
	22								
	23								
	24								
	25								
	26								
	27								
	28								
	29								
	30								
	31								
總計									印花總銀數
印花銀數									

(九)雪茄菸廠實貼印花數月計表式

江蘇捲菸統稅總局各雪茄菸廠實貼印花數目月計表

雪茄菸廠　　　　　　　　　　年

月	日	實貼印花等級數目													備考
		二十五枝用						五十枝用					一百枝用		
		一等枚數	二等枚數	三等枚數	四等枚數	五等枚數	六等枚數	一等枚數	二等枚數	三等枚數	四等枚數	五等枚數	六等枚數		
總計															印花總銀數
印花銀數															

（十）各菸廠運銷捲菸及實貼印花統計表式

民國　　年　　月份各菸廠運銷捲菸及實貼印花統計表（第　　頁）

廠別	運銷菸件							實貼印花														印花總銀數
	各等捲菸箱數							一等		二等		三等		四等		五等		六等		七等		
	一等	二等	三等	四等	五等	六等	七等	枚數	銀數	枚數	銀數	枚數	銀數	枚數	銀數	枚數	銀數	枚數	銀數	枚數	銀數	

(十一)駐關辦事處逐日征收稅款報告表式

財政部捲菸統稅處駐關辦事處逐日征收稅款報告表

中華民國　　年　　月　　日

菸商	進口船名	捲菸種類	牌名	箱數	數量		估價		稅率等級	艙單號數	關稅									統稅									收入總數									收據號數	備註
					每箱枝數	總共枝數	每千枝價值	總共價值			十	萬	千	百	十	兩	錢	分	釐	十	萬	千	百	十	元	角	分	釐	十	萬	千	百	十	元	角	分	釐		

主任……………………　　　　　　製表員……………………

（十二）江蘇省局具報調查各菸公司每旬出品銷售本埠及租界菸件數量表式

江蘇捲菸統稅總局調查各菸公司出品銷售本埠及租界菸件數量表

民國　　年　　月份　　旬

公司名稱	牌名	稅率	本旬銷數		備註
			箱數	枝數	

（十三）江蘇省局具報各菸廠每旬銷售本埠及租界菸件數量統計表式

民國　　年　　月　　旬各菸廠銷售本埠及租界菸件數量統計表

廠別	各級菸件數量														合計	
	一等		二等		三等		四等		五等		六等		七等			
	箱數	枝數	箱數	枝數	箱數	枝數	箱數	枝數	箱數	枝數	箱數	枝數	箱數	枝數	箱數	枝數
總結																

改辦統稅之初係就蘇浙閩皖贛五省先行試辦其時辦法屬諸草創設備亦未臻嚴密且統稅稅率較舊有特稅爲低統稅既行曾製一二五退稅證（詳第三章第三節）准于購領新印花時搭用三成以資救濟此項退稅之數總計一百餘萬元職是之故統稅初期收入絕無起色十七年二月（卽改辦統稅之第一月）僅向英美公司預借稅欵一百萬元卽以一百萬元之印花發給該公司作抵次月則以印花向中國銀行抵借一百萬元由英美公司於十七年三四兩月向該銀行各購印花五十萬元以資歸欵此外收入爲數極微詳數列左

年月別	外商稅款	華商稅款	收入統計
十七年二月	英美公司豫繳稅款一〇〇〇〇〇〇、〇〇〇、	無	一〇〇〇〇〇〇、〇〇〇、
三月	中國銀行墊繳英美公司稅款五〇〇〇〇〇、〇〇〇、	四七七四一五、八四六釐	九七七四一五、八四六釐
四月	同上	二三一六二〇、七四七釐	七三一六二〇、七四七釐

嗣後每月稅欵收入漸有起色緣舊稅已將退盡新稅亦漸進步雖山東省於六月試辦統稅其時濟南靑島對日交涉事起烟台一帶復未就中央範圍省府復收慈善吸戶捐（詳第六章第三節）進行完全障礙略有收入亦等於零列表如左惟華洋統計不復分列焉

年月別	稅款收入統計
十七年五月	七〇一四四四、八五五釐
六月	六九一八八四、一五一釐
七月	八五二六七二、九〇三釐
八月	九七〇三九〇、九一〇釐
九月	一一七九一七六、九一五釐
十月	一三四九一五五、五七七釐
十一月	二四四九六九五、四九四釐

以上七個月稅收狀況以十一月之收數超過平時一倍以上緣增加稅率定於十七年十二月一日實行各菸公司以十一月爲輕稅最後時期故在內地製造者均於是月加工趕製充分出運在外洋者亦於是月將各廠存貨裝船進口故稅收發見特殊狀況應視爲例外者也

第二節　加稅及區域推廣後之收入狀況

自十七年十二月一日加稅實行征收百分之三二五較之舊率不啻加三分之一加以設

置逐步改良查緝漸臻周密區域次第擴充進行亦頗順利於是收入數目遂有繼長增高之勢十八年四月以後湖北湖南相繼推廣河北省於五月始經宣布實行山東省則於六月方告完全統一收入數目按月遞增可於下表詳見之

年月別	收入統計
十七年十二月	一六三四〇一二、〇一八釐
十八年一月	一四七三三五二、九〇〇釐
二月	一三五一〇八三、七五一釐
三月	一七〇八一二七、六九一釐
四月	二四九二五九四、三四九釐
五月	二九三九八八七、六一二釐
六月	二八四〇六五六、二九〇釐
七月	二八〇七九二八、九六〇釐
八月	二九三一三二三、一二一釐
九月	三一五四四二六、〇四九釐

十月	三五二一八九〇、四三一釐

其他廣東省已於十一月一日劃歸統稅區域廣西河南亦在籌備改辦中此後統稅收入每月已逾三百萬元將來全國一體施行則每月收入當在七八百萬元左右以年計之或可幾及一萬萬元在國稅收入中亦可占一大部分矣

第三節　各省收入之比較

查征收國稅各省有各省之收入論統計原理自應列表比較惟捲菸統稅有異於其他各稅者祇能計其收入總數至何省收入若干實無從分別計算得其確數蓋統稅以貼花出廠爲原則菸廠之設立多集中於一地上海最多天津青島漢口次之此外則絶少各菸廠完稅均係預先購存印花以備隨時貼用出廠其購印花時並不指明用於何省假令以印花爲標準在何省銷出卽作爲何省收入則江蘇河北山東湖北而外無稅收之可言若以菸件爲標準運銷於何省卽作爲何省收入則在江蘇出廠之菸有運銷河北而河北出廠之菸亦復運銷江蘇又有先運甲省復改運乙省互相轉運紛紜複雜核算至難現以設有菸廠銷售印花之省爲主體分爲捲菸統稅處收入及各省局收入兩項分計計統稅處收入預算每月約二百二十萬元（包括蘇浙閩皖贛五省在內）河北收入每月約四十五

財政部捲菸統稅處每月稅收預算表

十八年度

名稱	金額		備攷
本處	2,200,000	000	不分旺淡月平均預計
河北捲菸稅局	450,000	000	該省捲菸稅務迭經整理近來稅收逐漸增加前擬定收入預算約計爲每月四十萬元現照最近收入實在情形預算應改爲四十五萬元方符事實
山東捲菸稅局	200,000	0˙0	該局實收稅款每月不過數萬元惟英美菸公司在青島廠所出菸件仍在本處領購印花寄青粘貼每月計十餘萬元共計如上數
湖北捲菸稅局	350,000	000	該省捲菸稅務迭經整理近來稅收逐漸增加前擬定收入預算約計爲每月二十五萬元現照最近收入實在情形預算應改爲三十五萬元方符事實
江蘇捲菸稅局			該局係查驗機關性質並無稅收
浙江捲菸稅局			同上
安徽捲菸稅局			同上
江西捲菸稅局			同上
湖南捲菸稅局			同上
福建捲菸稅局			同上
廣東捲菸稅局	200,000	000	該省於十一月一日開辦統稅預計每月收入約如上數
河南捲菸稅局			該局業經派潘局長前往籌辦但將來開辦後亦屬查驗性質並無大宗稅收
廣西捲菸稅局			該省尙未實行統稅
合計	3,400,000	000	

（二）各省局稅欵收支月結報解單式（附說明）

財政部某省捲菸統稅總局稅欵收支月結報解單

中華民國　　年　　月份　　　　　　　　　　字第　　　號

收入稅款	金額	支付款項	金額	附記
（捲菸印花稅款）		（撥付款項）		
		（損支經臨費）		
（雪茄印花稅款）		（退稅坐失）		
		（本局暫存稅款）		
		匯解總處現金		
合計		合計		

上列收入稅款業已收訖除撥付支付款項欄內並列各款外所餘$…………

撥數匯解總處即請核收登記爲荷此致

財政部捲菸統稅處

……………捲菸統稅總局具

說明

一　各省局領用印花除按月將印花銷存月報表照填呈處外應將印花銷存月報表所列開除欄內之價值總數填入該局稅款收支月結報解單內之收入稅款欄

二　凡各省局支付會奉部令核准就地撥付款項或將稅款撥解特派員公署應即將撥付金額總數填入月結報解單內之撥付款項科目內並將該項撥付收據隨單繳處以憑轉送國庫司抵解

三　各省局經常臨時費除由處直接撥發者外其按月坐支核准在案之經臨各費應填入月結報單支付款項欄內之該科目內同時須將支付命令通知書及五聯總收據等連同月結報解單一併繳處其支付命令通知書尚未奉到者得具印領附繳一俟通知書到後再行繳處抵解原送印領隨即發還

四　凡辦理退稅事宜除隨時填具退稅換領印花表第一聯寄處備案外其第二聯應按月月底彙齊連同該月月結報解單一併呈請核銷各案退稅印花價值之總數應填入月結報解單內支付欄之退稅損失科目內

五　每月份收入稅款總額除撥解坐支及偶有退稅損失外所餘稅款現金應即儘次月上旬前撥數匯解本處核收其有特殊情形一時未能清解者得將該項短解之款列入「本局暫存稅款」科目內本處登記即作爲該局欠款應即於次月撥數清解惟此項通融辦法不得援爲成例

六　此項稅款收支月結報解清單應於次月五日前連同印花存銷表收支月報表及退稅換領印花報告表計共四種一併造送不容延宕紊亂致礙鈎稽其省局須待所屬報到方能彙編者尤應轉令所屬提前辦理爲要

萬元湖北省收入每月約三十五萬元（包括湖南在內）山東省收入每月約有二十萬元廣東省甫經改辦收入若干尙無確實數目但每月約三十萬元可爲預計者也

（一）捲菸統稅收入預算表（見插表）

（二）各省局稅款收支月結報解單式（附說明）（見插表）

第四節 捲菸統稅之用途

統稅收入如是其巨其用途如何自爲國人所注目矣

國民政府於十七年四月一日發行捲菸統稅國庫券一千六百萬元以充軍政要需之用指定以是項統稅收入全部作爲基金復於十八年三月一日繼續發行捲菸稅國庫券二千四百萬元以彌補政府預算之不敷除統稅收入撥充第一次國庫券本息外仍指定其餘欵全部爲基金之用是此項收入實爲兩次國庫券四千萬元之基本金公債信用攸關自不能別有支用捲菸統稅處征存此項稅欵除支用辦公費外隨時撥交基金保管委員會接收保管其撥交辦法如下

（一）基金之保障愈完全則信用益鞏固是經捲菸統稅處將英美煙公司稅欵劃由基金保管委員會直接征收其法係由處預發稅花交會收存令英美煙公司逕向保管委

員會購花繳欵保管會於每月月終將花稅銷存數目報告統稅處同時由英美煙公司將領花總數具報互相對照歸賬核銷此係由保管會直接收存之欵每月約有一百四十萬元

(二)各華商菸公司稅欵係由捲菸統稅處征收此項收入除由處撥支辦公費外月終彙解保管會每月約自七八十萬元至一百十數萬元

以上收入稅欵係指蘇浙閩皖贛五省而言卽本章第三節之處欵收入也至湖北河北山東等省開辦統稅日期在後而國庫劵發行日期在前各該省統稅之收入自不在國庫劵基金範圍以內故該三省收入除撥支辦公費及撥付核定各協欵外逕解國庫收存聽候撥用合併附誌於此

附英美向保管會購花與統稅處售出數目比較表

十八年英美菸公司向基金保管委員會購花數目與本處售出數目比較表

月份	基委會											本處現售											共計										
	千	百	十	萬	千	百	十	元	角	分	厘	千	百	十	萬	千	百	十	元	角	分	厘	千	百	十	萬	千	百	十	元	角	分	厘
一月份			9	7	3	3	6	5	0	0	0			4	9	9	9	8	7	9	0	0		1	4	7	3	3	5	2	9	0	0
二月份			9	3	5	5	1	2	5	0	0			3	9	8	5	3	3	1	2	6		1	3	3	4	0	4	5	6	2	6
三月份		1	1	1	4	7	1	7	5	0	0			5	6	2	5	6	2	6	5	9		1	6	7	7	2	8	0	1	5	9
四月份		1	4	8	9	1	5	6	5	0	0			6	9	4	0	2	3	1	9	7		2	1	8	3	1	7	9	6	9	7
五月份		1	4	7	5	2	0	4	2	5	0			6	1	8	2	4	2	8	8	4		2	0	9	3	4	4	7	1	3	4
六月份		1	4	9	8	2	0	9	3	7	5			6	0	7	8	6	1	7	2	0		2	1	0	6	0	7	1	0	9	5
七月份		1	2	9	6	7	5	0	0	0	0			7	1	0	7	6	1	3	3	3		2	0	0	7	5	1	1	3	3	3
八月份		1	2	7	5	3	1	8	0	0	0			8	5	7	6	9	3	0	2	1		2	1	3	3	0	7	1	0	2	1
九月份		1	4	4	2	5	7	2	5	0	0		1	0	7	3	2	3	9	9	6	1		2	5	1	5	7	5	2	4	5	1
十月份		1	5	4	6	4	7	1	8	7	5		1	1	9	2	2	7	5	3	5	3		2	7	3	8	7	4	7	2	2	8
十一月份		1	7	5	8	5	3	4	3	7	5		1	4	1	1	0	3	7	5	6	2		3	1	6	9	5	7	1	9	3	7
十二月份																																	

第五節　辦公費支出之概況

稅收激增之經過情形已如上述矣因收入愈增故事務愈繁則其辦公費之支出應亦愈多試觀各征收機關辦公費支出之數恆以其收入多寡爲比例其支出佔收入百分之十或二三十以上者所在多有獨捲菸統稅能以極少量之支出而致偉大之成績是亦爲其他稅務不同之一端查自十七年二月開辦起至是年八月底爲止其時統稅範圍僅及五省稅收數目平均每月約有一百萬而辦公費之支出共爲六萬七千八百四十七元比例計之實不及百分之七旋以兼辦煤油特稅事務益繁經費增至八萬一千二百十四元迨煤油稅歸併海關征收卽縮減爲七萬九千二百四十元然其時每月收入已增至二百萬元之譜以比例計之尙不及百分之四又十八年湖北局開辦規定月支經費一萬六千元河北局開辦規定月支經費二萬五千元廣東局開辦規定月支經費二萬二千五百九十元緣該三省均有直接收入與其他專司查緝之省不同且地與非統稅區域相毗連關於一切查緝監察事宜均甚複雜故規定經費較多然視從前原辦特稅時已形減少又湖南局開辦月支經費五千元山東省告統一後復增加三千元加以本處總轄全局範圍日廣事務之繁視前倍蓰勢不得不酌增人員以資辦理故十八年度開始此項辦公經費支出

總數增至十六萬三千餘元但以目前稅款收入將達四百萬元計算僅占百分之四而已

茲將十八年度每月支出預算數列表於後以資查攷

捲菸統稅處及各省局十八年度每月支出預算數目一覽表

財政部捲菸統稅處及各省局十八年度每月支出預算數一覽表

年　　月份

名稱	金額												備攷
	千	百	十	萬	千	百	十	元	角	分	釐	毫	
捲菸統稅處				2	4	5	2	4	0	0	0	0	
河北捲菸統稅局				2	5	0	0	0	0	0	0	0	
山東捲菸統稅局					9	7	9	0	0	0	0	0	
湖北捲菸統稅局				1	6	0	0	0	0	0	0	0	
江蘇捲菸統稅局				3	3	9	6	0	0	0	0	0	
浙江捲菸統稅局				1	0	0	0	0	0	0	0	0	
安徽捲菸統稅局					7	0	0	0	0	0	0	0	
江西捲菸統稅局					3	6	0	0	0	0	0	0	
湖南捲菸統稅局					5	0	0	0	0	0	0	0	
福建捲菸統稅局					6	3	1	3	0	0	0	0	
廣東捲菸統稅局				2	2	5	9	0	0	0	0	0	
合計			1	6	3	7	7	7	0	0	0	0	

處長　　　　科長　　　　科員

第八章 雜錄

第一節 華商菸草公司之概况

我國烟草事業向爲外人所占有國人起而抗衡往往一蹶不振如北京之大象上海之三星營口之復記者殆不可一二數電光石火轉瞬卽滅迄今商界中已鮮有能舉其名者惟有清光緒三十一年間天津有北洋烟草公司之設營業頗發達而南洋烟草公司亦同時崛起於南方其定名爲南洋者蓋欲與北洋公司分峙南北共挽利權俾免外商以一紙菸之微而輦我巨金於海外也詎北洋公司仍蹈大象等覆轍未幾卽以歇業聞而南洋公司自開辦至今經歷二十餘年由少數人股分公司變爲簡氏一家兄弟公司復由兄弟公司變爲多數人股分公司其資本由十萬元進爲百萬元再進爲五百萬元更進爲一千五百萬元其銷場由港粵而推之南洋羣島再推至長江黃河流域以及東北各邊現計香港方面製造廠凡三所上海方面製造廠凡五所山東之坊子河南之許州安徽之劉府均有焙業廠以該公司之資本及設備論在我國今日以後起之各公司比較不得不推爲巨擘且

開辦最先營業最久經驗最富又爲我國煙草業之先導然以視各國之煙草公司則猶不逮遠甚近來捲菸銷場日旺國內菸廠及菸公司亦如春筍之怒發統計上海一隅約百有餘家華商中如華成華達大東各公司出品既多推銷甚廣次如瑞倫中和華東昌興昌明等亦均能設廠製造力求進步頗呈如荼如火之觀至菸公司尤爲發達惟資本較薄菸件係委託各廠代捲倘能聯合組織充分互助亦未嘗不可崛起而抗衡焉玆將上海所設菸廠及菸公司列表於後以備查考

(一)上海各菸廠一覽表

區別	類別	菸廠名稱	地址
第一區	捲菸	中國元元	法租界唐家灣小菜場藍維靄路厚德里
		華八	康悌路
		涼州	菜市路
		福新	菜市路康悌路
		大統	法租界平洛利路桂雲里

		怡信	法租界辣斐德路
		美利	盧家灣
		天香	薩坡賽路口康悌路四三七號
		中央	菜市路底
		華慶	金神父路
		華安	貝勒路
		華比	薛華立路
		華福	法租界辣斐德路
		大中華	
		企美	
	雪茄	啓昌	高昌廟
		瑞安	斜橋路
		隆茂	同上
第二區	捲菸	申商	法租界南陽橋新樂里三號

		友益	
		東海	愛來格路
		裕華	麋鹿路榮華里五號
		崑崙	麋鹿路榮華里
		聯益	南陽橋新樂里
		公平	同上
		大東南	敏體尼蔭路太和里
		龍飛	法租界華成路
		中南	同上
		江浙	平濟利路
		裕新	同上
		友利	同上
		協成	西門路潤安里一一五號
		華義興記	敏體尼蔭路新樂里

		中商	西門路口西成里一九九號
		西門	西門路西門里
		大得利	法租界南褚家橋厚德里
	雪茄	華呂	民國路
第三區	捲菸	華㬎	巨籟達路善樂里
		唯一	
		大同	孟納拉路育倫坊
		南海	新大沽路公益里
		大有	勞合路牛莊路
		仰栽	新開路
		福昌	武定路
第四區	捲菸	昌明	文極司脫路開封路長康里
		華倫	海甯路甘肅路德安坊
		利興	蓬路

		華比	同上
		大同	
		大中國	七浦路永慶里
		大乘	愛而近路慶長里
		甯台	愛而近路春暉里
		美星	七浦路太原里
		紹華	北福建路瑞德里
		惡司	北西藏路底
		德隆新廠	靶子路
		中國主義	北浙江路七一六號
		合組	
	雪茄	永泰	虬江路
		人和	虬江路虬江里
		羣益	天通菴路永慶里

		東方	靶子路東壽坊
第五區	捲菸	南林	通州路小菜場
		大華	東有恆路新記浜路
		惠通	岳州路兆豐路口
		合成	兆豐路
		興	通州路
		瑞倫	鴨綠江路
		三友	鴨綠江路久耕里
		福民	百老匯路公和祥碼頭
		華強	鴨綠路元和坊
		謙益	中虹橋
	雪茄	球寶	西武昌路
		何愼記	周家嘴路興德里
		粵華	東漢璧禮路祥裕里

		盈豐	東漢璧禮路裏虹橋脚
		利昌	崇明路濟雲里
		裕記	鄧脫路鄧脫弄鴻福里
		仁記	東有恆路輔華里
		福泰	靶子路同昌里
		上林	
第六區	捲菸	南洋西廠	鄧脫路
		華東	
		南華	東有恆路
		華德	同上
		福星	東有恆路舟山路轉角柳陰里
		昌興	周家嘴路愛而考克路
		大東	公平路尾
		大陸	岳州路永興里

		新華	塘山路愛而玫克路
		中和	同上
		大達	塘山路大連灣路
		中原	塘山路
		華一	周家嘴路
		大新	公平路東有恆路
		民生	塘山路四號
		天一	岳州路華興里
		信遠	東有恆路元吉里
	雪茄	老裕泰	老靶子路同昌里
		德榮	提籃橋老隆慶里
第七區	捲菸	華成新廠	大連灣路
		昌大	同上
		華商	華德路

		寶大	昆明路
		克富	倍開爾路瑞福里
		三興	楡林路
		亨司達	同上
		華達匯山廠	荆州路
		大道	大連灣路
		聯華	匯山碼頭
		求新	昆明路永興里
		大華	華德路華成路
		江南	華德路荆州路口七十號
		華興	東有恆路公平路順興里八七九號
		華品	
		新氏	
第八區	捲菸	英美	公平路

		韜朋路
		浦東關棧
		西華德路
		浦東老公茂棧
	大美	榆林路
		香港路

(二)上海各菸公司一覽表

類別	菸公司名稱	委託代捲廠名
捲菸	八達	華德
	九州	大東南　童興
	九星	福昌
	久昶	友利
	千祥	永昌　元元

	上林	華一
	上海	美星
	三友	大達
	三倫	大中國
	三義	冠華　南林　福新
	三山	華德
	三益	華德
	三利	華人
	三民	振益
	三大	華德
	三宜	德隆
	三才	涼州
	三裕	三友
	大衆	利興

	大興	利興　惠成　華倫
	大得利	福新　大東南　西門
	大國民	天一
	大統	紹華
	大新	大有　聯華　惠成　文記　聯益
	大德	聯華
	大華	昌大　中央　華明
	大隆	南海
	大中華	新華
	大成	華勝
	大幸	昌興
	大通	華福　友利
	大發	華倫
	大民	華人

	大運	友利 華人
	大錫	協成 大中華
	大瀛	華利
	大利	華利 協成 東海 聯益
	大和	協成
	大光	福新 德隆
	大北	永昌
	大南	協成
	大康	福新
	大生	大道
	大茂裕	三友
	大鑫	合組
	中國商辦	大衆 克富
	中央	南海

	中商	華人　聯益
	中華	華人　華利　協成
	中興	華人　華利
	中原	涼州
	中國東亞	新新
	友誼	裕華
	友益	美星
	友義	華勝　崑崙
	友利	華利
	五昌	美星
	五和	昌大　華倫
	元通	紹華　華倫
	公僧	大中華　華人
	天一	利興

	天生	大達
	天和	大統
	天利	裕華　聯華
	天昌	美星
	天祿	涼州
	天香	友利
	天星	美星
	民衆	大東　協成　昌大　新華
	民生	華興　亨司達　大昌　昌大
	民民	惠司
	民華	公平
	民成	華安　忠信
	民醒	鼎新　西門
	民族	華利

民立	壹興
民興	大昌
民達	聯華
民和	德華
世界	友利
永和安	企美
永興一	南海　華安　忠信　友利
永興	大同　華安
永達	大中國
永泰隆	惠通
永豐	華德
永泰棧	大同
永年	美星
永新	西門　德隆

	永安	賓大
	永成	大華
	永華	南洋
	生生	華生　華德
	北洋	友利
	北平	聯華
	主義	利興　華倫
	四義	天一
	四朋良友	企美　華安
	四達	友利
	兆華	華人
	兆豐	華德
	呂興	協成
	呂宋	曷大

	光華	華興
	如興	華福
	如一	協成
	全球	忠信 友利 華倫 德華
	全號	華利
	百靈	友利 協成 香井
	百代	華比
	米氏兄弟	華德
	名興	甯台
	安東	華生 聯華 惠成
	安定	東海
	安泰和	福新
	同利	華人 華德
	同興	華利

	合成	華德
	合興	美星 三友
	合衆	永昌
	武大	昌大
	杜嚴	忠信
	利達	華安
	利遠	華八
	利成	友益 福民
	利民	福新
	良香	南林
	良晨	美星
	良友	友利
	快得利	紹華 忠僑 華比
	宏德	華義

	沙德	華人
	志義	華勝　美星　東海
	志成	美星
	志大	民生
	協昌	大達
	協興	紹華　福新
	協大	昌大
	協和	盈盛
	協利	華利
	明達	美星
	明州	忠信
	物華	大東
	亞東	西門　中央　中德
	亞細亞	華比　企美

	知興	中央
	金城	昌明　聯華
	金陵	南林
	金銀	聯華
	金星	華利
	金山	大昌
	金華	裕華
	東州	西門　聯益
	東方	惠司　振益　益新　南海
	東北	友利　大東
	和興	大衆
	和合	友利　鼎新　華安
	和達	華豐
	和興	謙益

和盛	南林
和盛	福民 歡興 聯華 福民
和同	克富
和新	盈盈
和大	振美 美新
和信	福新
和勝	福民
宓氏兄弟	華倫
忠信	華比
忠明	華義
昌明	大達 利興
昌倫	紹華
昌華	克富
怡昌	華德 大衆

	星明	聯益
	香山	華興
	香港	南海
	美吉	紹華
	美成	聯益　華勝　華興
	美倫	友利
	美華	華利　華興　華人　友利
	美豐	交通　大中華
	美呂仁記	華興
	美和	華安
	美麗	華德
	美孚	南海
	昶利	華德
	昶興	涼州

	南華裕	聯益
	南通	美星
	南方	華安
	南華	友利　東海
	南商	寶大
	南强	新華
	信成	裕華
	信孚	華生
	信義	三友
	泰和	昌大
	泰倫	華義　南海
	臥龍	美星
	胡郝合資	合組
	振和	大中華

	振大	忠信
	振業	華人　華利
	振華	友利
	浙江	大得
	晉華	美星
	倫敦	華人
	倫昌	華利
	倫華	福民
	海昌	華比　老德隆
	海華	美星　聯華　華德銑
	海氏兄弟	華德
	牲牲	大華銑
	厚福	甯台
	商民	利興

	商業	大達　華利　友利　鼎興
	益豐	合組
	商務	華勝
	國光	利興
	國華	協成　利興
	國基	惠成
	國民	唯一　中德　寶大
	國粹	企美
	得勝	友利
	崙源	華興
	隆裕	華一
	隆達	永昌　聯益
	隆華	東海
	清華	聯華

清清	友利
梅園	企美
崇海	華利
開新	合成
康福	大有福　福新　協成　江南　企美
統益	友利
培華	大東
添福	交通
華東	華昇
華發	甯台　美星
華盛	美利　協成
華大	仰栽　德記
華美	大陸　華義　華勝　華利
華福	大陸

	華一	華比
	華特	華福　華安
	華生	忠信
	華威	西門　華勝
	華北	福民
	華平	新華
	華慶	亨司達
	華爾司	克富
	華北菸行	忠信
	華益	龍飛
	華隆	聯益　美星
	華民	聯益
	華民久記	華德
	華人	協成　華利

	華人生記	主義　昌大
	華業四達	華人
	華而美而司	華人
	華而惠而司	華人
	華友	華人
	華興	美星
	華順	美星　克富
	華和	克富
	華集	永昌
	華僑	美星　天香
	華强	華生　合成
	華興	華利
	華孚	崐崙
	爾惠爾斯	華利

	華昌	聯華
	天津華昌	東亞
	華康	福新
	華豐	中德　大東南　利興
	華通	盈盛　華安　大中華
	華洋	南林
	華山	福新
	華安康	涼州
	華清	合組
	華華	涼州
	華氏兄弟	聯衆
	華南	中央
	華新	華利
	華賀	西門

	華鼎	德華
	雲龍	華安
	雲星	華勝
	捷文	南華　新華　中原
	斐倫	亨司達
	富華	福民
	偉大	德華
	偉成	大華　南華
	萃華	合成
	萃新	華人
	萃成	太平洋
	復興	華人
	萬利	利華
	壹圓	美利

	甯浦	亨司達　大衆
	甯商	大中華
	集成	紹華　振益
	惠通	利與
	惠氏兄弟	涼州
	惠爾斯	華利
	惠斯惠羅司	華利
	惠羅	東海
	惠樂	華利
	惠利	聯華
	惠司	聯華
	博愛	天一
	羣利	涼州
	萬象	大中華

	義興	華德
	農民	大統　華利
	裕新	福新
	裕民	南海
	裕興	協成
	鼎華	華福
	鼎奎	華勝　西門　友利
	普球	亨司達　大東
	瑞盛	大道　克富　新華
	瑞昌	甯台
	瑞華	克富　華民
	瑞龍	華安
	瑞中	大中華
	新新	利興

新協記	協成
新中國	大達　華安　裕華
新民	大華　友利
新國民	美星
新豐	美星
新中華	美昊
新發	福新
新公	協成
新大陸	惠司
漢口新華	華麗
德成	大達　大衆
德勝	永昌
德大生	東海
德倫	福新

	德華	大中華
	福星	華八　友利
	天津福星	東亞
	福州華勝	新華
	福利	華利　福民
	福中	涼州
	福華	涼州
	福茂	華德
	榮升	華德　昌興
	熊飛	華八
	廣東	華商
	廣同	南華　華德
	廣福	華生
	廣成	華德

	實業	和興
	聚成	友益
	聚利	大中華
	通商	友利
	樂華	協成
	模範	華勝 華利
	鼎成	福民 紹華 聯華
	震華	企美
	澄興	友利
	進記	大中國 涼州
	遠大	友利保記
	遠東	華興
	滙南	華八
	滙豐	華勝

錫商	美星
達利	昌大
達甡	福民
達隆	大中華　香廾
錢華	昌大
興業	華興　華利　友利
興發	聯華
興民	西門
興和	聯華
華醒	亨司達
聯衆	華安
聯成	合成　大華銑
鴻春	華德　聯華
龍興	利興

	龍華	聯華　南華
	龍飛	華德
	龍昇	永昌
	嶺南	華一　三友
	顏記	東海
	舊金山	南華
	魏氏兄弟	華德
	魏利賓	龍飛　華福
	馥泰	大衆
	鵬飛	惠司
	鏞聲	南華　中原
	鑫興	華利

第二節　上海查驗所查緝捲菸漏稅經過情形之報告

溯自民國十七年捲菸改辦統稅分等征收就廠完納凡捲菸一經製就即於箱面粘貼印花便可運銷各地手續簡單流弊難免政府爲防範及便於稽考起見故有各地查驗所之設立然各地情形不同尤以上海爲特異蓋上海一埠爲我國商業中樞華洋雜處水陸交通運輸便利而國製菸廠設於租界者又十居八九爲法權所不逮雖廠內均有派駐委員監視捲製然一經出廠便難稽考不能不設法取締以期周密家祺辦理查緝上海捲菸首以掃除積弊爲治標之策繼以嚴防走漏爲治本之圖華界則開箱後逐條加蓋驗戳租界則組織調查員隊各專責成互相聯絡辦理以來將及兩載備歷艱難少收效果其中設施之經過查緝之困難緝獲之綜計亦有足述者爰舉概況藉稔將來

（一）設施之經過　上海查驗所初係分設滬南滬北家祺先奉委辦滬南專查驗運銷南市一帶及外埠經過菸件當時組織係於南市中點設立查驗所另於附近各縣市如松江南匯金山白蓮涇徐家匯等處設立分所分段查驗然因密邇租界往來無阻不法商人每乘駐廠委員工畢之後輒將另條散盒之未稅白菸私運偷售一經出廠孰爲完稅孰爲漏稅涇渭不分漫無識別因即着手整頓限制滬南菸商須整箱報驗施行蓋戳方准落地分

銷菸商雖曾表示反對然一經解釋無不樂從自蓋戳施行後零星白菸無從混售不特易於查驗而滬南一帶正當菸商亦得安於營業私販私運漸少發生頗收一隅之效此辦理滬南查驗所之經過情形也迨奉令兼任滬北查驗事宜上海全境事權專一滬南滬北一律施行蓋戳又以上海爲製菸總匯非取包圍主義不能杜絕白菸之運輸原有各縣市所設查驗機關難收指臂之助是經完全改組將滬南滬北前設之分所分別裁併另於上海附近扼要地點酌設分所滿佈稽查嚴密監視以免走私嗣後華界市面白菸無從混入而稅收亦日見增加此兼任滬北查驗所之經過情形也旋以捲菸煤油合辦改爲上海查緝局迨後煤油劃歸海關征收又復改組爲上海查驗所均奉令兼理全埠調查偵緝事宜華租兩界更形聯絡因組調查隊專司租界調查其華界各地仍於南市北市浦東虹口吳淞曹家渡曹漕塘各設查驗分所又另設恩庭澄波電船兩艘游弋江面以助陸巡之不及防範既周偸漏自少稅收遂日有增進此現在辦理之經過情形也

(二)查緝之困難　凡辦理查緝事宜無不感覺困難捲菸自不能逃其例外惟上海一埠具有特殊情形尤非各地查驗所可同日而語者華界自施行蓋戳之後整箱報驗之菸件日見增多南市北市兩分所合計始則每日不過百餘箱現已超過一倍以上每日計有二

百餘箱每月總計六千餘箱其運銷各埠經過報驗者最近核計每月約在三萬箱以上所有登記驗單劃花蓋戳各項手續隨到隨驗隨驗隨放不許片刻留難祇就查驗菸件而論應付已至不易至執行調查職務尤爲棘手蓋菸廠爲白菸之來源租界爲法權所不及菸廠既在租界之中辦事遂多障碍况緝私處罰非查有切實證據不便率爾執行菸商卽藉此設計避免無所不至如私出零菸則在深夜黎明之時巧設機關則擇商店民房之內或翻套舊箱則必使押運人備帶劃花利器以圖滅跡或僞造驗戳則必使作僞者匿居英法租界以避主名有時裝載外輪整帮私運有時頑抗故拒發生糾紛種種舞弊層出不窮以有限人員之調查斷難敵無數菸廠之作僞綜其原因皆由租界隔閡使然治本清源又非一朝一夕所能達到家祺不敢因噎廢食仍本勇往之精神察之以密持之以恆庶於極端困難之中爲萬一補救之計或者懲一儆百必於統稅前途有所裨益此查緝困難經過之情形也

(三)緝獲之綜計　查緝困難既如上述然調查員及稽查等責任所在奚敢畏難或扼守要衝或重價買綫故菸廠之偷漏菸戶之私販迭見破獲照章懲處間接由菸戶私販者日必十數起直接由菸廠偷漏者月必十數起閒嘗綜合計算除處罰菸戶販客零星不計外

祇就菸廠違章走私論自十七年九月起至十八年九月止菸廠處罰者凡數十家破獲大小案件共一百另六宗其中以私運零菸居最多數其他翻裝舊箱巧製活動貼花箱板以及重用印花私蓋僞戳又或翻套舊戳蠟紙暨另設機關偸捲冒牌白菸亦復不少至菸公司違章處罰共計二十九宗多屬未經核准登記或假冒別家牌名以一年之內緝獲案件如此其多可見有犯必懲終難漏網論其所爲不特自受損失且於遵章營業之正當菸商影響殊大所幸菸商近多覺悟案件亦漸少發生然家祺不敢因此廢弛職責對於查緝仍以務求嚴密不事苛擾爲宗旨一方爲國家增稅收一方爲菸商維營業惟冀菸業同人共相勸勉互加裁制遵照定章袪除私弊庶於國稅商情兩蒙其益斯則家祺所馨香禱祝以求之者也

第三節　調查各廠製菸及所用原料概數

一　捲菸機一部每日開足十小時可製菸五大箱（每箱以五萬枝計）即二十五萬枝每小時計算約出菸二萬五千枝每半小時約一萬二千五百枝每刻鐘約六千二百五十枝每分鐘約四百二十枝

二　每千枝捲菸普通用菸葉約二磅半至二磅九兩但大號者約用菸葉三磅至三磅三

兩六錢

三　十枝裝香煙每大箱用包紙五千張廿枝裝者用二千五百張如係中箱卽折半計算每大箱裝聽一千隻中箱折半

四　用捲菸紙軸一綑（長四千米突）約出菸五萬枝裝菸一箱（卽大箱一箱）如裝中箱可裝二箱

第四節　參觀南洋兄弟烟草公司記

南洋兄弟烟草公司滬工廠在上海東百老匯路相連共五廠除貨倉外占地約三十餘畝其製造程序先由配葉部分揀葉拆骨兩組每日用葉約七八萬磅將菸葉揀淨菸骨拆清入加香部將各葉用機器噴射香料後交切葉部切之該部切菸機數十部將菸葉切成後入焙部先將切起之菸絲入熌氣爐焙之再過冷氣爐吹之以殺熌氣焙成入捲菸部該部捲菸機共百六十餘部每機每日出菸約十五萬枝分雙刀機單刀機兩種捲成入焙房烤焙工竣卽交包菸部該部分罐裝紙包兩種女工約二千餘人紙包工資卽日發給罐裝工資分期發給包成後交入盒部封包大盒蠟紙均用女工其製盒部分大盒小盒兩組小盒又分機器手工兩種機器製盒每機每日約可製五萬個人工製盒每日約可製五六千個

該廠爲維持工人生計起見製盒仍多用人工入盒後交裝箱部分大箱中箱小箱三種裝成後點交貨倉分别寄發所有烟葉烟絲經過各部份時皆有專員檢查甚爲清潔各烟葉產於河南許州彰德山東坊子青州安徽鳳陽劉府湖北鄧州黃岡廣東南雄等處以許洲所產爲最良全廠工人現約七千餘人（旺月及暢銷時增加之）其成績優良者有奬勵金因職務受傷成殘廢者有補助金在職期内身故者有賻贈金其女工分娩時期有保產金幷有儲蓄部以便工人之儲蓄有南洋學校以教工人之子女有中西醫以治工人之疾病幷附設消防警衛隊一切部署極爲整齊管理辦法亦甚完善除滬廠外香港尚有三廠許州坊子劉府等處均設有收葉廠漢口浦東並新設分廠其前途進步當未可限量也

是編係前上海總商會中華商業協會等各公團原著對於捲菸製造程序陳述頗爲井井故坿編於此以備參考

第五節　烟草栽培法

新聞報館發行捲菸號專刊以余等由美洲考察烟業歸國以烟草栽培法致函徵文吾國烟草事業甫在萌芽祇以內地農民狃於舊法種植未盡得宜遂使莫大利權由茲外溢查美國產烟爲全球第一區域西歷一九二七年美葉產額總數爲一・二三七・八三二・

〇〇〇磅計值美金二三六・九五二・〇〇〇元一九二六年輸出菸葉總額爲四八七・〇七七・四〇二磅計值美金二三六・九二二・三五八元卽以捲烟而論其製造數量亦爲世界冠一九二七年美國製成捲烟數共九七・一七六・六〇七・四八四枝以應國內外之需求據美國烟業統計家云美國全年平均每日銷耗捲烟綜計約二三・七三六・一九〇枝每點鐘銷耗約九八九・〇〇七枝每分鐘約銷耗一六・四八二枝每秒鐘約二七五枝設以全年銷耗之數頭尾相連約長五一二・七六六英里若以電線穿連可以接連月球復由月球折回環繞地球一週半而有餘爲數之巨實足駭人聽聞綜觀以上各數美國烟業銷場之廣利益之巨概可想見其以烟葉一項吸收我國金錢數亦不資查民國十五年我國輸入美葉共八五・八一三・七七六磅每百磅平均價爲美金二十三元九角四分計值美金二〇・五四七・〇六一元捲烟爲國人近十數年來之新嗜好品吸者日衆銷額日增是將來所需美葉當更不止此數國產烟葉若不改良外溢金錢勢將胡底查我國宜於種植美烟之地甚多近年如豫之許州彰德皖之鳳陽劉府魯之濰縣坊子靑州等處亦多以美國黃金葉種籽播植以上各處每年產額初僅百數十萬元近年每年可產數百萬元如屬豐收可達一千萬元惟以成色稍遜且供不給求仍須仰給外

葉此外如鄂之鄧州黃岡粵之南雄浙之新昌贛之廣豐所產土葉雖亦可合捲烟之製造然不如美烟之優良倘能以美國種植新法察國內土質之所宜配以肥料之化分更以變種法變產新種改良種植其產額當不可限量以我國土地之廣沃工料之低廉較諸美國土地工料昂貴實佔優勝若人民注意改良政府加以鼓勵烟葉出產之豐利益之厚當不難與美並驅爭先非獨可塞外溢漏巵更可以所餘輸出各國擴海外貿易爲國家闢無窮地利爲農民濬莫大利源今將種植諸法摘列於後因限於篇幅僅可舉其綱要至詳細方法當另輯專書公之社會並乞海內君子加以教正焉

▲種類　美產烟葉以烤焙法之迴異大別可分爲陰乾日乾火熱乾及火乾四類我國輸入用製捲烟者卽火熱乾類之烟葉此葉係用管輸送火熱烤焙而成與火乾類之用直接火力熏烤不同又名金黃葉以其色而名之也美國之佛津尼亞北加羅拉那南加羅拉那及佐治亞等省多產之以傳種之先後其出產地分爲新舊二區茲將金葉培植法說明如下

▲地宜　凡多孔隙易於排水之砂質壤土含有機成分而不富於窒素化合物者均宜種烟其潮濕多黏重土而極富於窒素化合物者均不宜種烟

▲苗床　苗床爲培育烟苗之所在烟田中所栽烟苗概爲苗床之烟苗經移栽而長大者也烟葉收成豐美與否烟苗之強弱優劣具有莫大關係是苗床之治理不可忽視交春時分宜將留作苗床之地犂得極鬆除去小石根芥等物免致烟苗發育受其障礙每方碼之地撒以人造肥料一磅至磅半播種前復將地耙壑使土鬆細烟苗方易生長

▲播種　入春天氣日漸轉暖俟無霜雪患時卽可播種每百方碼之床地用頂上金黃葉烟種一大湯匙平均播撒如以烟種太少撒種難勻可用木灰與種子混和木灰色白與土色逈異庶易識別播撒之疏密播後用脚將土蹈平使種子陷入土中與土黏合俾復吸收土中水分及所含之植物滋養料種子一大湯匙約得種六萬餘粒播種後或有爲土壤蓋過遇受壓而失生機者或以一部分種子不良未能發芽者綜各種原因一湯匙之種子祇能得烟苗一萬至一萬五千棵而已烟苗宜疏不宜密百方碼之地植苗一萬至萬五千適得其當或有以烟苗收穫太少不因面積大小而多撒種子者是雖可望多穫然以烟苗過於藩植遂致互相傾壓阻礙發育地中肥料不敷供應烟苗因此弱小易罹害虫之禍弄巧反成拙此之謂也如欲多得烟苗須擴充烟床面積照例多撒種子是爲至要

烟種呈發白芽時於苗床四週圍以六寸徑樹幹用六寸闊木板代之更妙床上蓋以疏布

中樹短木或竹數根則床布庶不致下垂地上蓋以疏布者所以保持苗床之温度促烟苗之發育而防寒霜之侵害者也如床圍併得凑合床布蓋得緊密並可防害虫侵入如天時乾旱可用水灌溉之

▲人工發芽法　北方寒冷之地天氣轉暖太遲因用人工催促種子發芽於氣候轉暖時播之藉以節省時日並期早穫法以黑絨布一小方平置菜碟之上平均撒以烟種約四份一英寸厚上蓋以黑絨布一方用温水頻頻灑上置碟於廚房温暖之處約數日後烟種即呈發白芽此時宜將其撒播遲則生根不能用矣

▲移栽　秋冬之交將烟田犂得鬆透最好犂至五六寸深度移栽前復犂一次每英畝（約合六華畝）用肥料六百磅至一千磅肥料之多寡配合之成份均視土壤之肥瘠及所含滋養料化學成份而定種者宜看察情形而定之（肥料學極爲複雜以限於篇幅當另爲詳論）茲將肥料配合最通用成方列下

乾血紛二百磅　過燐酸鹽五百磅　硫酸鉀一百五十磅（荳餅畜糞蔴粕等均可作肥料之用）

犂耕已竣可將烟苗拔出移栽田中每株相隔約二英尺至二英尺半每行距離約四英尺

先以木條插入土中造成三四寸凹孔灌以清水將苗栽種其中美國移栽多用機器以工價貴昂故也

我國工價較廉烟農所種畝數平均每戶不如美之多規模既小置購該機甚不値得故仍以人工移栽爲宜移栽後四五日視田中烟苗枯萎者拔出栽以他苗每七日或十日耕耘一次至摘頂後爲止

▲摘頂　移種後約八九星期花芽始出是時須將頂尖摘去使其生發力量全注於葉部每株留葉自十枚至十四枚至多十八枚視烟之壯弱及土地肥瘠而定之

▲摘枝　摘頂後時有腋芽發生宜時往田中視察將所生液芽隨時摘去免礙正葉之生長葉之過大較劣破裂腐爛染汚及爲虫嚙者亦宜摘去之

▲病害　烟之虫病種類甚多如芽虫螟虫立枯病等等是也其療治法各有不同未能贅述茲舉防治通例數則法至單簡茍能從之虫病自免卽或有之亦不至蔓延也

(一)烟苗之選擇　烟草所染病害或由苗床染帶而來蓋當芽苗時代以弱小故最易染病除用布密蓋苗床以防虫害外移栽之時宜選擇強壯苗子其弱小葉黃或受虫蛀者棄之

（二）冬墾之重要　烟田若曾於冬初時節墾耕土中害虫經霜雪之肅殺自不易生存而爲烟害矣

（三）水利之得宜　烟草最忌潮濕濕則根易腐霉幹葉因呈枯萎故宜設法疏洩雨水勿使積聚利水之法於是乎重矣

（四）蛀葉之摘除　爲虫蛀嚙之葉宜摘去之此點上文曾言之

（五）害虫之捉捕　如有害虫可繼之以捉捕以免蔓延

▲收割　收割之法有二其一將全株割下行此法者須注意全株各葉之情形以頂葉愈熟而脚葉亦不以太熟過受損失蓋全株各葉以頂葉成熟爲最遲而脚葉最早偶不經心時有過與不及之虞也普通於移栽後約九十日至百日或摘頂後三十五日至四十日（視氣候而異）即成熟可割金黃葉老區多用此法其一將先熟之葉自樹身出手摘下其未成熟者留之俟其成熟時然後摘下約於摘頂後二三星期葉即始成熟可摘有於未摘頂前脚葉即成熟者亦時有之金黃葉新區採用此法刈割以陰天爲宜以生葉如經曝晒過久易於焦黑也收割之菸葉宜即掛於竿上置於烤房架上烤焙之

▲烤焙　烤焙爲種烟最吃緊之期葉之成色半視烤焙之得宜與否而定烤焙云者所以

除去生葉中之水份而使其達黃色之候也烤房熱度支配須極其週遍是則全賴房中之熱氣輸送管之爲用矣

法將烤房烟葉處以法倫氏寒暑表九十五度此後每小時增二度半至百廿度時卽保持之約四小時後乃增至百二十五度在該溫度者約四小時繼將熱度慢慢加至百三十五度迨葉身烤乾後卽遞增至百四十度此後每小時增加五度以達百七十度爲限至烟梗烤到乾焠時烤焙卽算完竣烤焙方法及所用熱度人用各殊並無一定成方以上所述僅舉例而已

烤成之烟俟於房中回潮化軟後卽可取下如以天氣乾燥勢難回軟可乘烤後餘熱未清之時用水潑灑地上藉蒸氣之力烟葉便易回軟也烤成後將葉分等紮縛成把售之市場種植之事遂由此告成

(附)輪種法　烟草吸滋養份極多迅連年種烟之地其中滋養料每多爲其吸盡而成瘠土烟葉收成亦因之每况而愈下故種烟之地須以他種農品與烟輪流播植（輪種如小麥棉花花生紅薯等爲最適宜）每三年或四年輪種烟草藉循環生養之機土中滋養料得以保持舊狀更或以用輪種法而土壤較前轉肥者我國烟農每因不知輪種之法或

知之而爲種烟目前之利不知愛護土壤於原地年年種烟遂致烟地瘦瘠成爲廢土良可惜也因特揭其利害俾種烟者知所適從焉。

是編係赴美調查許崇富許崇強原著對於烟草栽培法查察綦詳因編列爲留心種植者參考焉

第九章

結論

吾國捲菸自十七年改辦統稅以來定條例訂合約在上海設處專辦明國稅之統系泯華洋之界限首先實施於租界繼由五省而推行至十餘省由邇及遠成效漸著實爲統一稅政之先導而施行規畫次第改良約可分爲三時期自十七年一月起至十月止爲初辦時期十一月至十八年三月止爲加稅時期四月起至現今止爲發展時期每月稅收已將增進至四百萬元之巨施行區域亦已擴充至十二行省之廣（蘇浙閩皖贛湘鄂直魯豫粵桂共十二省）惟桂豫尚在籌備遼甯亦已按照統稅條例一體施行近更派員常川駐滬調查接洽積極進行其他晉陝甘滇黔蜀新疆等各省去京僻遠施行統稅尚有所待故預計十九年訓政開始應以統一全國施行統稅爲最初之目的其時編遣告成軍區劃定有軍皆屬國防凡餉皆由部撥捲菸爲國稅收入大宗絲毫悉聽中央支配偏遠各地咸就範圍名實相符通行全國既無彼疆此界之殊行見道一風同之盛惟各國菸商資本豐盈公司發達吾國菸商財力薄弱似此角逐商場國貨恐歸失敗或設法改良或聯合應付必使

製造之品駕乎船來品上此責任之在商界者也維持國貨保護稅源提倡出口推銷奬勵內地製造此責任之在政府者也官商果能交盡其責則捲菸之產額與銷場自必日增月盛頓然改觀再進一步應即制定捲菸業法實行專賣以一稅政專賣之先必由政府設立模範菸廠於全國商務繁盛區域如上海天津漢口廣東設立四大總廠次第擴充所有廠屋機器等一應基金應於歷年菸稅項下預爲提存以二千萬元爲率倘開辦不敷再舉行捲菸公債規模務求宏大出品務期適用工本務極低廉既立專賣之基礎又可爲菸商之後盾且專賣由者並非奪菸商生計歸之政府實願募集菸商之資力增厚國家之基金如股票如債劵咸與菸商共其利者也又如各區分廠以及各省推銷均可由各菸商經理但須奉行專賣之法令卽可享受製銷之權利夫捲菸專賣遠之若歐洲近之若日本均有行之者矣吾國幅幘廣闊人口衆多果由統稅進而專賣將來稅額或不難超過各國歲入之數惟進行有程序籌備有期間實現固非一蹴可幾整理亦非一端可竟卽如稅則一項必須改善物質競爭愈演愈烈行之既久恐益糾紛必爲進步之障礙現在捲菸分爲七等雪茄菸分爲六等均係從價主義且以海關估價爲標準至公且允既以從價爲原則則菸價爲等級關係當然在取締之列然以銷場之遠運費之巨手續之繁而責令遠近同價固與

事實相違反要知舟車之費夫役之費同屬商家之成本與製造之工本又何以異售價既因之以提高稅級卽因之以加等此爲自然之趨勢若於批發售價之外自由加增是將從價原則稅率等級完全推翻實爲稅法所不許或者謂稅則本有從價從量兩說從價既多困難之點何不從量計算歐洲大陸各國現已專用從量稅法根本改良不勝于枝節之補救乎雖然豈易言哉吾國稅法從量者亦何可勝計如米麥如綢緞以及棉類油類煤類惟仍以値百抽幾爲標準雖從量仍從價也歐洲各國何莫不然第從量者重在分類分類愈精審則待遇差別之點亦愈少英人裴鉅(譯音)爲國際經濟會議預備委員會之委員近有著述亦認爲分類無論如何精密終難期有絕對公允之稅則又云差別待遇之影響恆發生於緊接之兩級間誠爲名論惟主張從量稅者何以必注重於分類則以貨有精粗美惡之殊卽價有加減低昂之判量與價固不能相離也從價與從量各有優點亦各有弱點二者必須兼顧不能偏於任何方面其差別待遇只能期其減少不能必其絕無蓋萬物至不齊也優劣至差等也必不齊而使之齊必差等而使之等恐精於幾何之學者亦必窮於推測也故物質愈進步法制必愈精密將來之需整理者固不獨稅則一端而稅則尤爲重要現値建設伊始故推而論之如此

捲菸統稅史勘誤表

章	節	頁	行	字	勘誤	更正	備考
序	第六篇	一	四	二十二	銷	稍	
序	第六篇	一	八	三十二 三十三	競競	兢兢	
三	一	十一	九	四	原	衍文	（由該原處辦理之）原字衍以下更正欄內塡衍文者倣此
三	一	十一	十四	十三	須	項	
三	一	十三	十三	三四	並	衍文	
三	一	十五	三	三	稅	附	
三	一	十六	二	十二 十三	一兩	以	（或一兩下）更正爲（或以下）
四	三	八一	十三	三十一	空白	或	
四	五	九五	四	三十二	興	與	
四	五	一〇二	二	十七	心	必	
四	五	一〇四	五	三四	中具	具中	
四	五	一〇五	十	五	用	同	

四	六	一〇八	一	十三	〕	應提至九字下	（九）原本誤
四	六	一一六	九	二八	折	拆	
四	六	插表八第一聯	三	十一	毋	毋	
四	六	插表八第二聯	一	七	告	由	
四	六	一二九	中請書內附表	第三格	枚	枝	
四	六	插表十第一聯	末	十一	員	事	
四	六	插表十二	十	頂格	驗查單數號	查驗單號數	
七	一	一八〇	五	十十一	一〇	〇一	
七	一	一八〇	七	十一	七	九	
七	三	插表二	三	檔列第三格	損	坐	
七	三	插表二	三	橫列第五格	坐	損	
七	三	一八三	二	二十三	三	二	
七	四	一八五	表內八月份	橫列第七格	1	7	
七	四	一八五	表內九月份	橫列第七格	7	1	

七	四	一八五	表內九月份	橫列第三十二格	5	6
八	二	二二八	十三	十二	另	零
八	二	二三一	二	七	另	零
八	五	二三九	十	三十	出	用
八	五	二四〇	十一	十三	迅	凡

敬啟

「民國專題史」叢書，乃民國時期出版的著名學者、專家在某一專題領域的學術成果。所收圖書絕大部分著作權已進入公有領域，但仍有極少圖書著作權還在保護期內，需按相關要求支付著作權人或繼承人報酬。因未能全部聯系到相關著作權人，請見到此説明者及時與河南人民出版社聯系。

聯系人 楊光
聯系電話 0371-65788063